우리학교 어린이 교양

진짜로 올지도 몰라, 이런 미래
:10년 후 세계 미리 보기

초판 1쇄 펴낸날 2025년 7월 15일

글 김영주
그림 송효정
펴낸이 홍지연

편집 홍소연 고영완 이태화 김지예 이수진 김신애
디자인 이정화 박태연 정든해 이설
마케팅 강점원 원숙영 김가영 김동휘
경영지원 정상희 배지수

펴낸곳 ㈜우리학교
출판등록 제313-2009-26호(2009년 1월 5일)
제조국 대한민국
주소 04029 서울시 마포구 동교로12안길 8
전화 02-6012-6094
팩스 02-6012-6092
홈페이지 www.woorischool.co.kr
이메일 woorischool@naver.com

ⓒ 김영주, 송효정, 2025
ISBN 979-11-6755-331-7 73300

- 책값은 뒤표지에 적혀 있습니다.
- 잘못된 책은 구입한 곳에서 바꾸어 드립니다.
- KC 마크는 이 제품이 공통안전기준에 적합하였음을 의미합니다.

만든 사람들
편집 이수진
디자인 이설

10년 후 세계 미리 보기

글 김영주 | 그림 송효정

우리학교

목차

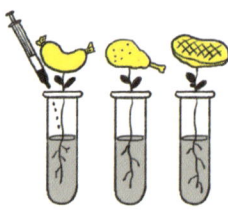

식량위기

곤충 쿠키와 알약 점심
캡슐 한 알로 하루 영양소를 해결할 수 있다고? ··· 6

미생물과 나노 기술로 식량위기를 해결한다고?
단맛이 사라진 세상?

인구

우리 반 전학생 다니엘
한국어가 사라질 수도 있다고? ··· 26

이어폰만 꽂으면 모든 언어를 척척 이해할 수 있다고?
공용어의 기준?

교통

나의 꿈 드론
드론이 대중교통이 된다면? ··· 44

드론이 할 수 있는 모든 것?
드론을 자동차처럼 사용할 수 있을까?

인공지능

두뇌 바꾸기 프로젝트
정말 공부할 필요가 없을까? ··· 64

인간의 두뇌를 닮은 인공지능 시스템이 있다고?
진짜 나는 어디에 있을까?

건강

나와라, 만능 다리
나도 사이보그가 될 수 있다고? ··· 86

사람처럼 유연하게 움직이는 로봇도 있을까?
강철 다리를 가지려면 선택해야 돼!

로봇

홈, 홈, 나의 스마트 홈
친구일까, 감시자일까? ··· 104

스마트 홈 생태계로 지구가 하나가 된다고?
보호받을 권리와 감시당하지 않을 권리

식량위기

점심 식사를 알약으로 대신하는 미래를 상상해 봐요.
물론, 밥 먹기 귀찮을 땐 좋을 것 같은데,
매일 알약만 먹어야 한다면 어떨까요?

캡슐 한 알로
하루 영양소를 해결할 수 있다고?

아윤이의 일기

곤충 쿠키와 알약 점심

오늘 학교에서 좋은 일이 있었다.

점심시간이었다. 선생님께서 각자 도시락을 꺼내라고 하니 여기저기 투정하는 소리가 나왔다. 내 앞에 앉은 준원이의 목소리가 제일 컸다.

준원이는 볶은 귀뚜라미 한 마리를 집은 손을 흔들며 뒤돌았다.

"아, 우리 엄마 또 귀뚜라미 싸 줬어! 귀뚜라미는 다리가 자꾸

난 오늘도 귀뚜라미야.

나랑 바꿔 먹을래?

이에 끼는데!"

"그럼, 나랑 바꿔 먹자! 나 이제 이건 질려서 못 먹겠어."

내 짝꿍 윤호가 굵은 실처럼 생긴 밀웜을 하나 집어 들고 말했다.

"미안해, 윤호야! 밀웜 위에 반찬으로 귀뚜라미 올려주신 거라서!"

준원이가 씩 웃으며 다시 몸을 돌렸다.

'어휴! 저럴 거면 왜 투정한담?'

앞에 보이는 준원이의 등을 때려 주고 싶었지만 겨우 참았다. 그러나저러나 오늘 도시락은 더 조심해서 열어야겠다 싶었다.

최대한 소리 안 나게 살짝 올려서 조심스레 뚜껑을 열었는데, 걸리고 말았다. 내가 도시락 열기만을 기다렸던 것처럼 바로 말이 날아왔다.

"와! 아윤이는 또 쿠키다. 진짜 좋겠네!"

윤호의 목소리에 도시락을 열던 아이들이 고개를 돌렸다. 아이들의 시선이 모이자 나는 얼굴이 뜨거워졌다.

사실, 곤충은 있는 그대로 먹어야 몸에 좋다며 다들 볶는 방법만 달리하거나 찍는 양념 정도를 바꾸는데, 나만 쿠키다. 일종의 반칙이긴 하다.

 우리 집은 말려 볶은 곤충을 곱게 빻은 가루로 쿠키를 만들어 판다. 그래서 만들다 실패한 모양의 쿠키를 도시락으로 싸 온다. 그러니 음식 재활용이지 부러움을 받을 일은 아니다. 이런 관심 싫어서 평범하게 곤충을 먹고 싶지만, 먹으면 배가 아팠다. 의사 선생님 말로는 나에게 곤충 단백질 소화효소가 적다고 했다. 다른 것을 먹으면 더 좋겠지만, 대체 음식이 마땅치 않으니 갈아서 먹으라고 했다. 좀 덜 아플 거라고. 그 후 엄마는 나 먹이려고 곤충 쿠키 가게를 열었다.

 쿠키를 달라거나 뺏는 아이들은 없었지만, 혼자 바스락거리며 먹을 용기도 나지 않았다. 한번 나눠서 먹으려 했다가 서로 먹겠다고 싸움이 난 후로 안 먹는 날이 늘었다. 나는 늘 그랬듯 도시락 뚜껑을 다시 닫고 책상에 엎드렸다.

곤충 쿠키 만들기

우리 엄마 어릴 때는 학교에서 음식을 만들어 덜어 먹게 줬다던데, 그때로 돌아가고 싶다. 하긴 그게 안 된다는 거 알긴 안다. 그때는 자연에서 얻을 수 있는 식재료가 많아서 먹을거리가 풍부했던 시절이기에 가능했을 것이다.

하지만 억울하다. 환경 오염으로 자연이 파괴되고 식량위기가 심해진 건 우리 탓이 아닌데, 왜 우리가 이 퍽퍽한 곤충들만 먹어야 하는지 모르겠다.

아예 어렸을 때부터 곤충만 먹었다면 모를까, 최근 몇 년간 지구에 일어난 일 때문에 급작스레 음식 문화가 바뀌었다. 매년 지구의 기온이 높아졌고, 잦은 자연재해로 동식물이 멸종해 먹을 수 있는 것이 많이 줄어들었다.

물론, 예전의 음식 맛을 내는 요리 기술도 발달하긴 했다. 해조

류로 만든 대체 생선이라든지, 실험실에서 키워 만든 소고기 맛 배양육이라든지, 닭고기 맛이 나는 식물성 고기 등이 있긴 있지만, 그런 건 비싸서 외식할 때나 먹을 수 있다.

가격 대비 영양소를 고루 갖춘 곤충이 주식이 된 지 오래다. 거기에 말려서 볶은 곤충은 상하지 않고 휴대하기도 좋아 많이 먹었다.

학교에서는 급식을 중지하고 각 가정에서 입맛에 맞는 곤충을 먹을 만큼 담아 오도록 했다. 그 편이 음식물 쓰레기도 줄일 수 있다고 발표하자 모두 찬성했다.

물론, 그 '모두'에 우리는 없었다. 누구도 의견을 묻지 않았다.

"저기, 아윤아!"

한참을 엎드려 있는데, 누군가 나의 어깨를 살짝 건드렸다.

고개를 들어 보니, 우리 반에서 제일 조용한 유주였다. 하루에 한 마디 할까 말까 한 아이가 말을 걸어와 놀랐다.

"응? 무슨 일이야?"

"아니, 너 점심 안 먹어? 너 쿠키 안 먹으면…."

이런, 유주까지 내 쿠키를 탐낼 줄 몰랐다.

"안 먹을 건데, 그래도 너만…."

"이거 먹어 보라고!"

"응?"

쫙 펼친 유주의 손바닥에 초록색 알약이 있었다.

"이게 뭐야?"

"우리 아빠 연구소에서 만든 알약인데 하루 영양소가 다 들어가 있대. 이거라도 먹고 굶지 말라고!"

유주 손에 있는 알약을 집었다. 엄지손톱만 한 캡슐에 초록색 액체가 꽉 차 있었다.

"여기에 하루 영양소가 다 들어 있다고?"

유주 아빠가 국가 식량 연구소에서 일한다는 건 알고 있지만, 그래도 처음 보는 알약을 먹기에는 좀 두려웠다.

그동안 영양 알약이 없었던 건 아니었다. 하지만, 그동안 나온 약은 합성으로 만든 영양소를 압축한 것이어서 부작용이 많았다.

한꺼번에 들어온 영양소를 해독하느라 간이 상하거나, 흡수되지 못하고 빠져나가는 영양소가 많아 보조제로만 쓰였다.

"이미 안전 실험도 끝나서, 다음 주부터 판매한대. 그러니 안심하고 먹어도 돼. 배양한 천연 영양소만 모아서 만든 거라 부작용 없대!"

유주는 내 걱정을 읽기라도 한 듯 미소 지었다.

나는 가방에서 물병을 꺼내 물 한 모금과 약을 삼켰다. 약간 커서 목에 걸렸다. 급하게 물을 몇 모금 더 삼키니 겨우 넘어갔다.

"어때? 맛있어? 배는 불러?"

안 듣는 줄 알았더니, 모르는 척하고 있었던 건지 윤호가 갑자기 물어봤다.

"캡슐을 삼켰는데, 맛이 있을 리가 있어? 아무 맛도 없지! 그리고 방금 삼켰는데 무슨 배가 불러! 말도 안 돼!"

나는 생각나는 대로 줄줄 말하다가 아차 싶었다. 고개를 돌려보니, 유주가 고개를 끄덕였다.

"맞아! 아무 맛도 안 나는 캡슐이라서 못 먹는 사람 없게 만들었대! 그리고 배부른 느낌은 없는데, 딱히 배가 고프지도 않아! 그

래서 신기해!"

"너 이미 먹었어?"

"응! 난 아침에 먹고 나오거든. 난 먹기 시작한 지 벌써 한 달 되었어."

"아, 그럼 나 주려고 일부러 가지고 나온 거야?"

유주는 배시시 웃으며 고개를 끄덕였다.

"너도 곤충 잘 못 먹잖아. 나처럼!"

"나처럼? 너도 못 먹어?"

"응. 나도 곤충 단백질을 잘 소화시키지 못해 아빠가 이 연구에 더 매달리셨어! 그리고 성공하셨지. 너 점심 먹고 배 아파서 화장실 가는 거 자주 봤었거든. 그래서 더 일찍 주고 싶었는데, 혹시 몰라서 실험 다 끝나고 주려고 기다렸어!"

나는 벌떡 일어나 유주를 꼭 껴안았다.

"아윤아, 왜 그래?"

"유주야, 넌 지금 내 기분이 어떤지 모를 거야. 정말 신나! 이젠 배 아프지 않아도 된다니, 게다가 더 편히 먹을 수 있다니! 믿어지지 않아."

"다행이다. 오늘 밤 지나고 정말 이상 없으면 말해. 아빠한테 한 달 치 받아 줄게."

"꺄오! 정말 고마워. 유주야. 너희 아빠에게도."

내가 소리를 지르자 이에 낀 귀뚜라미 다리를 빼던 준원이가 놀라서 돌아봤다.

"넌 어서 마저 먹어! 곤충 좋아하잖아!"

"이 고소하고 바삭한 걸 안 좋아하는 사람도 있나?"

준원이가 씩 웃었다. 오늘은 나도 함께 웃었다.

미생물과 나노 기술로 식량위기를 해결한다고?

"아윤아! 거실에서 시금치 좀 뽑아 주방으로 가져와 줘!"

"네, 엄마!"

거실에서 시금치를 뽑아 달라는 대화 어색한가요?

하지만 미래에는 집마다 스마트 식물 재배기가 설치되어 있을지도 몰라요.

스마트 식물 재배는 채소 성장 상태나 물 주는 주기, 빛의 양 등을 조절할 수 있어 집에서 채소를 길러 바로 수확하여 먹을 수 있거든요. 비록 아직은 작고 심을 수 있는 종류가 몇 개 없지만, 이미 사용하는 사람들도 있어요.

기후위기가 심해져 깨끗한 공기와 안전한 비, 적당한 햇빛이 없어 밭에서 채소를 키울 수 없다면 집마다 설치하게 될 거예요. 자연이 아닌 인공 에너지로 키우는 채소는 그만큼 가격도 비쌀 거예요. 기후위기 시대에 스마트 식물 재배기는 꼭 필요한 기계일지 몰라요.

대체 식품인 세포 배양으로 만든 고기도 조금 더 효과적인 방법을 찾을 것 같아요. 곰팡이 기반으로 단백질을 만드는 연구가 진행되고 있거든요. 곰팡이는 고기와 같은 질감과 높은 단백질 함량으로 알려져 고기 대용품을 만들 수 있다고 해요.

단세포 단백질도 고기 대용품이 될 수 있어요. 효모균이나 박테리아와 같은 일부 미생물은 단백질을 가지고 있기에 다양한 식품에 쓰일 예정이에요.

해조류 역시 단백질을 풍부하게 가지고 있어 식물성 육류 대체제와 단백질 보충제를 포함한 다양한 식품에 사용하게 될 거예요.

대체 단백질 제품은 지속 가능하고 윤리적인 단백질 소비에 도움을 주기 때문에 국가와 기업에서 다방면으로 연구하고 있어요. 맛, 질감 및 영양을 높여 더 매력적으로 다가올 것 같아요.

알약 대체 식사도 불가능한 일은 아니에요. 나노 기술이 발전을 거듭하여 탄수화물, 지방, 단백질의 크기를 줄인다면 가능해요. 과일 알약, 생선 알약, 쌀 알약, 소고기 알약, 삼겹살 알약 등 실제 음식을 농축한 알약이 만들어질 수도 있다고 예상하는 연구자들이 있어요. 개인별 유전자나 신체 특징을 정확히 분석해 어떤 영양소가 몸에 공급되는 것이 좋은지 알려 주는 기술까지 함께 발달할 것 같다고 예측해요.

하지만 알약 식사의 가장 큰 문제는 배가 부르지 않는다는 거예요. 또, 씹고 맛보는 즐거움이 사라질 수 있어요. 먹는 기쁨도 중요하잖아요.

과학자들은 이런 점을 고려해 많은 양의 음식을 먹은 것처럼 반응하도록 몸을 속일 수 있는 상상 음식을 개발하고 있어요.

어쩜 우린 이런 대화를 나누게 될지도 몰라요.

상상해 볼까요?

"아윤아, 밥 먹어!"

"나, 아까 유주네에서 삼겹살 알약 세 알 먹었어."

"그래? 그럼 나와서 상추 알약 하나 더 먹고 들어가!"

"네! 엄마!"

이미 시작된 식량위기

지금 우리는 식량 부족을 겪을 확률이 아주 높아졌어요.

일단, 지구 온난화가 심해져 기후 변화가 극심해졌어요. 폭염, 가뭄, 홍수 등의 자연재해가 심해졌고 잦아졌거든요. 자연재해는 농작물을 포함한 모든 식량 생산량을 감소시켜요.

하지만 세계 인구는 증가했기 때문에 식량은 더 많이 필요해요. 1950년에는 인구가 25억 명이었지만, 2020년에는 약 80억 명에 이르렀어요. 3배가 넘게 늘었지요.

기술의 발전으로 삶이 풍요로워지자, 사람들은 식량을 낭비했어요. 일단, 필요 이상의 많은 양의 육식을 먹기 시작했어요. 가축은 키우는 과정부터 조리,

섭취까지 다른 식량에 비해 탄소를 많이 발생시켜요. 육식이 늘어났다는 건 지구 온난화에도 속도가 붙었단 뜻이에요.

 음식물 쓰레기도 많아졌어요. 음식을 지나치게 많이 만들어 다 못 먹고 버렸을 뿐 아니라, 미각이 아닌 시각을 만족시키기 위해 유통 조리 과정에서도 많은 식재료가 버려졌어요. 음식물 쓰레기가 늘어난 만큼 많은 탄소가 발생되었어요.

 육류 선호와 어마어마한 음식물 쓰레기는 지구 온난화를 가속하고 있어요. 망가진 기후에서는 곡물을 키워 낼 수가 없고, 먹이인 곡물이 없으면 가축도 길러 낼 수 없어 결국 심각한 식량위기를 겪게 될지도 모르겠어요.

 물론, 위기를 감지하고 해결하기 위해 노력하는 사람들은 있어요.

 탄소 발생이 심한 육류를 대체하기 위해 다양한 연구를 진행하고 있거든요.

 식물성 소고기 '식물 추출 대체육'이에요.

 식물에서 단백질 농축액을 추출하여 가수 분해로 단백질을 분리하고 육류의 맛과 식감을 비슷하게 내기 위해 지방과 향을 첨가하고 모자란 영양 성분을 채워 넣은 후 반죽하고 모양을 만들어 내요. 이미 콩으로 만든 고기는 판매 중이랍니다.

 실험실에서 만들어지는 '동물 세포 배양 고기'도 있어요.

 세포 배양 고기란, 살아 있는 동물에게서 얻은 줄기세포를 생물 반응기 안에서 자라게 해서 만든 고기예요.

 싱가포르는 이미 2020년에 세포 배양 방식으로 만든 닭고기의 판매를 시작했어요. 2023년 6월에는 미국 농무부(USDA)가 세포 배양 닭고기의 시판을

승인하며 배양 고기의 시장 판매를 허용했어요.

곤충도 가공만 잘한다면 영양이 풍부한 식재료로 쓰일 수 있어서 미래의 대체 식량 자원으로 지목하고 있어요. 현재 곤충의 단백질을 안전하게 섭취하는 방법을 연구하고 있어요. 누에에서 단백질을 분리해 식품을 만들기도 하고, 밀웜을 맛있게 먹을 방법을 모색 중이에요. 특히 귀뚜라미는 다양한 영양소가 풍부하게 들어 있어요. 적은 공간과 물, 먹이만으로도 번식해 생산성이 높고 특별한 환경 조건이 없이 기를 수 있어 친환경 식용 곤충으로 주목받고 있어요.

동물성 우유도 콩, 아몬드, 코코넛, 쌀 등으로 만든 식물성 우유로 대체하기 위해 노력 중이에요.

맛과 식감도 중요해!

대체 단백질이 다양하게 연구되고 있지만, 아직 완벽한 방법을 찾은 건 아니에요.

식물에서 추출한 대체육은 고기와 맛이 달라요. 씹는 느낌도 달라 고기를 좋아하는 사람에게 만족감을 줄 수 없어서 대체 고기로 부족하다는 평이 많아요. 맛과 식감을 높이기 위해 넣은 물질이 몸에 어떤 작용을 미치는지도 생각해 봐야 하고요.

실험실 고기라고도 불리는 세포 배양육은 해결해야 하는 문제가 더 많아요.

배양육은 줄기세포를 배양액 속에서 키워서 살코기를 만드는 방식인데, 초기의 배양육은 소의 태아 혈청으로 만들었어요. 소 태아 혈청은 임신한 소를 도살하거나 유산시키는 방법으로 얻을 수 있기에 윤리적, 경제적으로 문제가 되었어요.

2019년에는 무혈청 배양액으로 배양육 생산이 가능해졌지만, 아직 비용 문제 때문에 대중화되진 못했어요. 배양육의 단점은 세포 배양이 오래 걸리고, 실제 고기와 똑같은 식감을 구현하기 힘들어요.

하지만, 배양육은 온실가스 배출량이 훨씬 줄어들고, 실험실 배양이라서 세균 오염이나 항생제 독성은 걱정 안 해도 되고, 배양액 제공 기술의 발달로 배양육 소비가 활발해지면 현재 축산업에 비해 빠르게 육류를 생산할 수 있는 큰 장점 때문에 발전을 거듭할 것 같아요.

대체 식량으로 주목받고 있는 곤충은 조리와 유통이 까다로워요. 곤충마다 다를 수 있겠지만 대체로 곤충 단백질은 고온에서 변한다고 해요. 40도를 넘지 않는 상태에서 조리해야 하는데, 그리되면 맛도 별로지만 금방 상한다고 하네요. 그래서 안전하게 조리하고 먹을 방법을 개발 중이에요.

식품 대체 알약도 연구 중이지만, 영양소의 기본적인 부피가 있어 알약에 모두 담기는 힘듭답니다. 사람들의 먹는 기쁨과 포만감을 해결해 줄 수 없는 것도 문제지요. 식량위기를 지혜롭게 이겨낼 수 있는 지속 가능한 개발 방법이 필요해요.

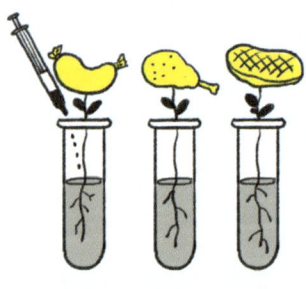

단맛이 사라진 세상?

설탕을 녹여 과일에 입힌 탕후루, 다들 먹어 봤나요?

깨물면 나는 바삭 소리 때문에, 듣는 맛까지 완벽해서 유행이 세계로 번졌어요. 그런데 한 가지 문제가 생겼어요. 탕후루 때문에 설탕이 많이 필요해졌거든요.

설탕은 사탕수수로 만드는데, 사탕수수는 다 키우고 나면 사탕수수대를 쉽게 정리하기 위해 불로 태워 그 지역이 황폐해져요. 세계 곳곳이 사탕수수 때문에 사막화가 빠르게 진행되어 기후위기를 겪게 되었어요.

그래서 각국의 정상들이 모여 단맛을 엄격하게 금지할 것을 서약하기로 했어요. 하지만 우리나라 대표인 나는 생각이 좀 달라요.

우리나라는 탕후루가 잠시 유행하고 금방 지나가서 설탕을 그렇게까지 많이 먹지 않았어요. 게다가 인구도 적어서 기후위기가 올 정도로는 먹을 수도 없어요. 그런데 왜 우리까지 단맛을 금지당해야 하죠? 뭐 그래도 함께 사는 지구니까 기후위기는 막아야겠단 생각도 들긴 해요.

여러분이라면 어쩌겠어요? 책임이 덜하니 엄격한 금지에서 좀 빼 달라고 할 건가요? 아니면 힘을 합쳐야 하니 그냥 따를까요?

단맛 간식은 못 참는데 걱정이네요.

인구

앞으로는 같은 반에서 다양한 언어를 사용할 수도 있어요.
여러 이유로 우리나라가 다인종·다문화 국가가 될 수 있거든요.
그에 따라 다양한 언어로 바꿔 주는 통역 기술도 발전하고 있어요.
그런데 언어 소통만 해결하면 정말 다 괜찮은 걸까요?

우리 반 전학생 다니엘

혼자 보는 일기지만 쓸까 말까 고민되었다. 하지만 쓰기로 결심했다. 그래야 잊지 않고 똑같은 실수를 안 할 것 같아서다.

정말 타임머신이라도 있으면 타고 가서 오늘 아침의 나를 말리고 싶은 심정이다.

아니, 달나라도 탐사하고, 수중 도시도 완성되어 바닷속으로 이사도 가는데 타임머신은 왜 못 만들까? 옛날 소설과 영화를 보니 백 년 전에도 모두가 원했던 것 같은데! 혹시 누군가 발명해서 혼자만 쓰고 있는 건 아닐까라는 의심이 들었다.

하여튼 타임머신이 발명되지 못한 탓에 난 오늘 전학 온 다니엘에게 엄청난 실수를 저질렀다.

우리 학교에서는 여러 언어를 함께 사용한다. 여러 나라에서 이주 온 친구들이 함께 다니고 있기 때문이다.

한동안 이어진 저출생 때문에 우리나라 인구가 빠르게 줄어들어 정부에서 외국인 이주 정책을 적극적으로 펼쳤다. 덕분에 급격한 인구 감소는 멈췄고, 이주민의 다양한 문화와 여러 기술로 나라가 더 다채로워졌다.

하지만 문제도 있었다. 짧은 시간에 이루어진 대량 이주여서 서로의 문화뿐 아니라 언어도 이해할 시간이 부족했다.

내 짝꿍은 힌디어를 사용하고, 앞에 앉은 알리체는 이탈리아어를 쓰고, 나는 한국어를 한다. 하지만 다국어를 각자의 모국어로 실시간 통역하는 기계 '지니'가 있어 다행이었다. 가끔 말장난이나 속뜻을 다르게 통역해서 오해를 일으키기도 하지만 우리에겐 그것마저 재미있는 이야깃거리가 되었다.

이제는 이주 온 외국 친구들을 맞이하는 일에 익숙하다. 하지만 다니엘은 다른 친구와 달랐다.

보통 전학 온 첫날 애들은 수줍어 선생님 뒤에 숨거나, 아예 요란스럽게 들어와 본인을 드러내려고 하는데 다니엘은 어느 쪽에도 속하지 않았다.

심지어 선생님 뒤를 따라 처음 교실에 들어설 때는 다니엘이 교생 선생님인 줄 알았다.

일단 키도 컸지만, 어깨 펴고 당당하게 걷는 걸음걸이가 어른스러웠다.

자연스럽게 웃으며 자신을 소개하는 모습은 여유롭기까지 했다. 도저히 초등학생이라고 볼 수 없는 차분함이 느껴졌다.

캐나다에서 태어났고, 아이돌이 꿈이라서 한국으로 이사 왔다고 말하며 오른손으로 흘러내린 앞머리를 쓸어 올렸다. 지금은 다이어트를 하고 있다며 부끄러운 듯 살짝 웃었는데, 바로 그때였다.

드디어 나, 여름이에게도 봄이 찾아왔음을 느꼈다.

물론, 나의 의견은 지극히 주관적이다. 다니엘이 한 명 한 명에게 악수를 청하며 인사 다니기 시작하자, 짝꿍 수니타가 모델 하기엔 뭘 엄청 많이 먹은 것 같지 않냐고 내게 속삭였기 때문이다.

귀에 꽂은 지니 덕분에 수니타의 힌디어를 알아들었지만, "내 지니 또 오류났나 봐. 통역 안 돼."라고 말하며 못 알아들은 척했다. 나의 봄이 모욕당하도록 둘 수는 없었다.

"또?"

"아이참, 이게 왜 안 들리지?"

나는 더 능청스럽게 연기하려고 귀에서 지니를 빼며 살펴보는 척을 했다.

"그래? 어디 줘 봐! 내가 좀 만져 볼게."

수니타는 나의 지니를 가져가 이것저것 눌렀다.

자기가 태어난 인도는 과학 기술 강국이라 달의 남극도 제일 먼저 도착했다며 십 년도 더 지난 일을 자주 자랑했다. 게다가 자기도 인도인의 후예이기에 기계를 잘 다룰 수 있다며 자꾸 내 것을 가져가 망가트렸다. 그러고는 미안하다며 눈물을 뚝뚝 흘렸다. 엉뚱하고 좀 귀찮지만, 귀여운 친구였다.

나는 수니타에게 지니를 맡긴 채 다니엘에게 건넬 첫 인사말을 궁리했다. 뻔한 인사 말고 뭔가 인상 깊은 말을 남기고 싶었다.

'안녕, 난 여름이야. 나의 봄이 되어 줄래?'

나는 방금 떠오른 말을 지우려 고개를 흔들었다. 그 문장을 내뱉는 어색한 나와 듣고 자지러질 반 아이들, 놀란 다니엘의 표정이 눈앞에 선했다.

그렇게 망하고 싶진 않았다. 평범하지 않으면서 꾸미지 않은 듯한 자연스러운 말이 필요했지만 생각나지 않았다.

'안녕! 너 키가 참 크구나! 멋진 아이돌이 되길 바랄게!'

이거였다.

있는 그대로를 칭찬하고 상대방의 꿈까지 응원하는 어른스러운 인사말을 찾아냈다. 순식간에 만든 멋진 문장에 몹시 만족스러워하고 있는데, 선생님 목소리가 들렸다.

"여름아! 뭐 해? 다니엘과 인사해야지."

고개를 들어 보니, 다니엘이 웃으며 내게 손을 내밀고 있었다. 너무 놀라 벌떡 일어났다. 뒤로 밀린 의자가 큰 소리를 내며 넘어졌고, 덩달아 놀란 수니타가 들고 있던 내 지니를 바닥에 떨어트렸다.

작은 콩알처럼 생긴 통역기 지니는 데구르르 굴러갔다. 멀어지는 지니를 보고 당황스러웠지만, 동시에 좋은 생각도 떠올랐다.

이건 기회다! 통역기도 없으니 다니엘의 언어인 영어로 인사를 하려고 결심했다.

그동안 배운 문장이면 충분할 것 같았다. 안녕은 헬로고, 너는 유아고, 크다는 빅이니까 그대로 붙여서 말했다.

"헬로! 유 아 빅(Hello! You are big!)"

다음 말도 하고 싶어서 꿈이 영어로 뭐더라 잠시 고민하는데 다니엘의 표정이 일그러졌다. 악수를 청했던 손도 거두고, 가뜩이나 큰 눈을 더 커다랗게 떴다. 금방이라도 울 것 같이 눈이 벌겋게 되었다.

당황스러웠다. 강렬한 첫인상을 주고 싶었지만, 너무 강렬하게 준 것 같았다.

예상 못 한 다니엘 표정에 어찌할 바를 몰랐다. 멍청히 서 있자 수니타가 벌떡 일어나 내 지니를 가져왔다. 그리고 내 귀에 꽂아주며 다니엘에게 대신 사과를 했다.

"다니엘! 여름이의 말은 네 키가 크다는 소리야! 한국에선 크다를 높이에도 사용해!"

"…?"

이번엔 나와 다니엘 둘 다 놀랐다.

"여름아, 너 어서 사과해. 영어로 빅은 옆으로 크다는 뜻이야. 부피나 양!"

수니타는 두 손을 옆으로 벌리며 내게 눈치를 줬다.

"아…."

무엇을 잘못했는지 깨달았지만, 입에서 사과가 바로 튀어나오지 않았다. 다니엘에게 상처를 준 것 같아 미안하다는 가벼운 말이 쉽게 나오지 않았다.

대신, 눈물이 흘렀다.

"으앙! 내 봄 어떡해!"

"여름! 넌 이 와중에 무슨 봄 타령이야! 어서 다니엘에게 사과해!"

선생님도 이번엔 내 편을 들어주지 않았다. 오해였음을 알아차린 다니엘이 웃어 주었지만, 일그러진 어색한 미소였다.

나의 봄이 순식간에 끝났다.

타임머신이 간절한 여름이었다.

이어폰만 꽂으면 모든 언어를 척척 이해할 수 있다고?

우주선을 타고 우주 쓰레기를 치우는 내용의 SF 영화가 있어요. 다국적 사람들이 모인 공동체를 담아 냈는데, 귀에 꽂은 작은 무선 이어폰으로 서로의 말을 알아듣는 장면이 인상적이었어요.

우리에게도 곧 그런 날이 올지 모르겠어요. 통역 기술이 날로 발전하고 있거든요. 그동안은 글 내용만 번역해 주었다면 최근엔 인공지능을 활용한 동시통역이 다양하게 개발되고 향상되고 있어요.

인공지능과 클라우드를 통한 대규모 데이터 처리가 가능하게 되니 좀 더 정

확한 동시 통번역까지 지원하게 되었어요. 그뿐 아니라 통번역 기계 자체도 작고 편리하게 사용할 수 있게 개발되어 비즈니스 회의나 국제 회의 등에서 유용하게 사용되고 있어요.

인공지능(AI) 기반의 번역 기술은 단순히 번역만 하지 않고 스스로 학습하고 오답을 수정하는 등 계속 진화하고 있어요.

AI가 사람의 뇌처럼 정보를 처리하는 방법으로 번역하는 신경망 기계 번역(Neural Machine Translation, NMT)도 개발되었어요.

그동안은 단순한 통계에 의해서 번역되었다면, 단어, 구문, 어순 등의 정보가 담겨 있는 값으로 바꿔 번역하는 인공 신경망 덕분에 문맥 파악이 수월해졌어요. 지금보다 자연스럽고 정확한 번역이 가능해진 거죠.

또한, AI는 많은 언어 데이터를 빠르게 습득할 수 있어서 시간이 지날수록 정확도는 더욱 높아질 거예요.

기술의 발달로 언어 소통이 수월해진다면, 우리나라가 다인종·다문화 사회로 가는 길은 좀 더 순조로울 거예요.

이미 시작된 다인종·다문화

인도에서 태어난 수니타와 이탈리아어를 쓰는 알리체, 캐나다에서 살던 다니엘은 어떻게 한국의 여름이와 한 반이 된 걸까요?

실제로 일어날 수 있는 일이에요. 한국은 이미 해외 유입 인구가 5% 이상이라 경제협력개발기구(OECD) 기준 아시아 최초로 '다인종·다문화 사회'가 되었거든요.

이는 한국에서 살고 싶어 오는 외국인도 있지만, 한국 인구 자체가 줄어들기 때문이에요. 많은 학자가 한국이 지구상에서 가장 먼저 소멸할 국가라고 말하고 있어요. 출생률이 2024년 기준으로 0.75명으로 세계에서 가장 낮은 수준이고, 뚜렷한 대책이나 해결 방안도 보이지 않거든요. 2020년에는 출생보다 사망이 많아 인구 감소가 일어났고, 이대로라면 2100년쯤에 한국의 인구는 절반으로 줄어든다고 예상된대요.

인구 소멸 문제의 해결책 중 하나가 적극적인 이주 정책이라 다인종·다문화는 확정된 미래예요.

이미 고급 기술이나 전문 기술, 비즈니스 경험이 있는 사람들을 이민 오도록 유도해 경제와 기술 발전을 이루고 있는 나라들도 있거든요.

호주의 경우 적극적인 이주 정책으로 다양한 인종과 종교, 문화를 인정하고, 조화와 소통의 중요성을 강조했어요. 언어도 공용어로 영어를 사용하고 있지만, 영어가 아닌 언어에도 동등한 지위를 인정했어요. 지역 사회 언어라고 부르며 공용어와 함께 쓰도록 교육적인 배려를 했답니다. 물론 공용어인 영어를 배울 기회를 다양하고 풍부하게 제공하여 불편함이 없도록 노력했답니다.

한국도 다문화 가정이 많은 지역의 유치원, 초·중학교 등에서 주요 가정 통신문은 한글과 함께 베트남·중국·일본·러시아·몽골·캄보디아·영어 등 다국어 번역본을 제공한다고 해요. 하지만 선생님의 말씀도 알아들어야 하고 친구와 농담도 하며 지내려면 좀 더 적극적인 해결책이 필요할 것 같아요.

변화를 맞이할 준비가 필요해!

다름을 인정하고 받아들이려면 많은 시간이 필요한데, 안타깝게도 우리에겐 그럴 만한 여유가 없어요. 인구 감소와 고령화로 노동력이 부족해지고 그로 인해 경제 활동이 줄어들어 연금과 의료 등 복지 시스템이 무너질 위기예요.

한국도 세계 최저 출생율을 기록하고 있기에 적극적인 이주 정책을 펼칠 예정이에요.

그러나 급하게 모인 사람들은 문화적 오해를 일으킬 확률이 높아요.

다른 환경에서 자란 사람들이 모였기에 습관, 전통, 말하는 방식이 다를 수 있어요. 이런 차이 때문에 서로를 이해하지 못하고 다툴 수 있어요. 특히 다양한 문화가 모인 학급에서는 교사와 학생뿐 아니라 학생들 간에도 다른 문화 배경을 가지고 있어 문화 갈등이나 소통 문제가 발생할 수 있어요.

그래서 언어 소통이 중요하답니다. 인정과 이해는 대화에서 시작되는 것이라 대화가 제대로 이루어지지 않으면 오해가 생기고 갈등을 일으켜 관계에 악영향을 줄 수 있어요.

그렇다고 이주 온 사람들에게 우리가 살던 방식이나 언어를 강요하면 안 돼요. 공용어를 몰라 불편하거나 불이익당하는 일이 없게 배울 기회를 적극적으로 제공하고, 우리도 그들의 언어와 문화를 이해하려고 노력해야 해요.

중요하게 생각하는 것이 다르기에 의견을 많이 나누고 방법을 찾아봐야 해요. 예를 들어 종교적 관습이 달라 벌어지는 문화적 충돌 문제는 정답이 없어요.

낯선 종교, 피부색, 식생활 습관 등에도 편견을 없애야 해요. 편견은 함께하는 삶을 어렵게 만들 수 있어요.

다름과 틀림을 구분하는 현명함이 필요하답니다.

그러려면 마음가짐이 제일 중요해요. 피부색이 다르고, 쓰는 언어가 달라도 한 지역에 함께 사는 사람은 '우리'라는 생각을 잊지 않도록 해야 해요.

 정답 없는 질문

공용어의 기준?

여러분은 지금 아랍에서 한국으로 이주 온 '아미라'예요. 아빠 회사가 조건이 좋은 한국으로 본사를 옮기는 바람에 이민 왔어요.

회사가 자리 잡자, 직원의 식구들도 이주하여 학교에도 아랍어를 사용하는 친구들이 늘어났어요. 심지어 올해는 전교생의 절반 이상이 아랍어를 사용하고, 모국어가 한국어인 친구들은 반에 두세 명 정도밖에 남질 않았어요.

상황이 이렇게 되자, 나랑 같이 이주 온 하마다가 우리 학교 공용어를 아랍어로 하는 걸 학교에 건의하자고 하네요. 더 많은 아이가 편하게 생활하는 것이 좋은 것 아니냐면서요.

얼핏 괜찮은 생각 같았는데, 사용 인구 숫자로 공용어를 정하는 것이 옳은지는 잘 모르겠어요. 또 다른 나라 사람이 많이 오게 되면 그땐 어쩌죠? 한국에 왔으니 그래도 한국어를 써야 하는 거 아닐까요?

하마다에게 뭐라고 대답해야 마음이 편해질까요?

교통

하늘을 날아다니는 상상을 해 본 적이 있나요?
날아다니면 어디든 자유롭고 빠르게 도착할 것 같아요.
언젠가는 새처럼 쉽게 하늘을 날아다닐 수 있을지 몰라요.
드론을 이용해서 말이죠!

드론이 대중교통이 된다면?

나의 꿈 드론

오늘은 꼭 일기를 써야 하는 날이다.

두려움을 이기고 드론 택시를, 그것도 혼자 탄 날이기 때문이다. 사실 난 요새 드론이 조금 무서워졌다. 하지만 그건 진짜 비밀이었다.

우리 학교 드론 축구팀의 주장인 내가 드론을 두려워한다면 누가 믿을까? 아니, 믿더라도 문제다. 소문이라도 나면 드론 축구 국가대표라는 꿈이 산산조각날 것이다.

이런 상황이 나도 이해되지 않는다. 매일 수많은 시간을 드론과 함께 보냈고, 마음으로 연결된 나의 드론 '그랑블루'도 있었다. 그랑블루는 단순한 드론이 아니라 내가 생각하는 대로 움직이는 또 다른 나였다. 아바타라고

가자! 그랑블루!

생각할 만큼 소중했다.

그런 내가 지금은 드론 소리만 들어도 심장이 쿵쾅거렸다. 행복해서 두근거리는 것과 달리 손에 땀도 나고 숨이 가빠졌다. 위험하다란 생각이 머릿속을 채웠다.

물론, 그전에도 드론이 완전하게 안전하다고 생각하지 않았다. 어린이날에 사탕을 나눠 주던 드론이 공중에서 추락하는 모습을 가까이에서 본 적도 있다. 비행 후 착륙 중에 일어난 사고라서 다친 사람은 없었지만, 생각보다 큰 폭발에 놀라긴 했었다. 그러나 며칠 전 아빠와 뉴스를 보다가 그 놀람이 두려움으로 바뀌었다.

"다음은 안타까운 소식입니다. 오늘 낮 세시 경 청연시에서 드론 두 대가 충돌하여 탑승자 전원이 사망했습니다. 드론의 잔해가 떨어진 곳의 피해도 크다고 합니다. 자세한 소식을 알려 줄 기자를 연결해 보겠습니다."

인공지능 앵커가 건조한 목소리로 정확하게 내용을 전달했다. 어찌나 담담한지, 마치 날씨를 전해 주는 것 같았다.

하지만 이어진 화면은 절대로 담담해질 수 없었다.

공중에서 드론 두 대가 부딪쳐 불꽃이 오르고 추락하는 장면이

생생하게 나오고 있었다. 물론 영상도 드론이 촬영한 것이었다.

드론 택시는 적당한 속도와 정해진 길로 안전하게 가고 있었는데, 전파 허가를 받지 않은 불법 드론이 갑자기 나타나 피하지 못했다는 설명이 나왔다.

뉴스를 보고 있다가 갑자기 팔뚝에 소름이 돋았다. 모든 드론이 두려워졌고, 절친 같던 그랑블루를 조종하는 것도 조금 꺼려졌다. 나의 그랑블루도 누군가를 다치게 할까 봐 걱정되었다. 시합 중 하지 않던 실수를 하게 되고, 날아가는 드론 택시만 봐도 어깨를 움츠리게 되었다.

그러나 오늘은 진짜 어쩔 수 없었다. 드론을 피할 수 없는 일이 생겼다.

　할머니 생신이라서 우리 동네에서 차로는 네 시간 거리인 할머니 집에서 쉬고 있었다.

　도착한 지 한 시간쯤 지났을 때 갑자기 친구들에게 홀로그램 메신저로 연락이 왔다. 받아 보니, 우리 팀 친구들이 모여 있었고 모두 흥분 상태였다.

　"주장! 빨리 와. 우리 팀이 전국 대회에 나가게 되었어!"

　"그게 무슨 소리야! 예선에서 떨어졌잖아."

　"본선에 오른 팀 중 기권이 나왔나 봐. 시간 안에 도착하면 참여 기회를 준대!"

　"정말?"

　"응! 그랑블루는 우리가 챙길 테니까, 넌 경기장으로 바로 와! 알았지? 드론 택시 타면 30분이면 도착할 수 있어!

　"뭐라고? 아니, 얘들아! 사실 난…."

"주장! 빨리 와야 해!"

뭐라 더 말하기도 전에 친구들은 본선 준비한다고 메신저를 종료시켰다.

드론 조종도 피하고 싶은데 드론 택시를 타라니, 막막했다.

하지만 지난 예선전에서 나 때문에 졌는데 못 간다고 말할 수 없었다.

팀원들이 골대로 가는 길도 뚫어 주고, 방해 못 하게 상대 팀 드론도 막았는데 내가 망쳤다. 수천 번 연습한 대로 그랑블루를 원형 골대에 통과만 시키면 이기는데 골대 입구에서 망설였다. 갑자기 햇빛에 반사된 골대가 뉴스에서 본 불법 드론의 반짝임과 겹쳤다. 순간 놀라 조종기를 놓쳤고, 나의 그랑블루도 힘없이 바닥에 떨어졌다.

다 함께 일 년 내내 준비했던 전국 대회를, 주장인 내가 망쳤다. 팀원들에겐 손에 땀이 나서 미끄러졌다고 거짓말을 했다. 그럴 수 있다고 다들 이해하는 듯 말했지만, 실망한 표정까진 감추지 못했다. 그런 친구들에게 또다시 실망을 안겨 줄 수가 없었다.

이러지도 저러지도 못 하고 있자, 내 사정을 다 아는 누나가 거

들었다.

"새온아. 용기를 내 봐. 드론 사고는 생각보다 많지 않아. 우리가 오늘 아침 타고 온 자동차의 사고보다 훨씬 적어. 게다가 그 사고 이후 불법 드론 단속을 강하게 하는 중이라서 괜찮을 거야."

"그런가?"

"세계적인 드론 축구 선수가 네 꿈이라면서. 그런데 드론이 두려워 드론 택시를 못 타면 어떡해! 게다가 지금 피한다고 평생 드론을 피하고 살 수도 없어."

누나 말이 맞았다. 드론을 믿지 못하는 드론 축구 선수라니 말이 되질 않았다. 나는 타 보기로 마음을 고쳐먹었다.

"알았어! 타 볼게. 예약 좀 해 줘!"

"응! 내가 예약할게. 일단 옥상으로 올라가 있어!"

누나는 고개를 끄덕이며 엄마를 부르러 갔다.

나는 심호흡을 크게 하고 할머니네 옥상으로 올라갔다. 엄마와 누나도 생각보다 빨리 왔다. 나를 본 엄마는 말없이 등을 두드려 주셨다. 따뜻한 엄마 손에 긴장했던 마음이 조금은 풀어졌다.

잠시 후 멀리 드론 택시가 날아오는 것이 보였다. 투명 형광으로 빛나는 캡슐 모양이었다. 드론 택시는 찡하고 울리는 특유의 엔진 소리를 내며 다가왔다. 프로펠러 대신 무소음 날개를 개발했다지만, 엔진 소리가 컸다. 더군다나 수직으로 뜨고 내릴 때 생기는 바람도 적지 않았다. 나는 뒤로 밀리지 않도록 다리에 힘을 주었다. 드론 택시는 곧장 날아와 내 앞에 정확히 멈췄다. 투명 창 너머로 혼자 앉을 수 있는 등받이 의자가 보였다.

잠시 기다리니 캡슐 문이 아래에서 위로 열렸다.

"다녀오겠습니다!"

나는 몸을 돌려 있는 힘껏 큰 목소리를 내었다. 용기 내고픈 마음을 알아챘는지 엄마도 고개를 크게 끄덕여 주었다.

나는 살짝 고개를 숙여 조심스럽게 안으로 들어갔다. 폭신한 의자가 나의 몸 전체를 안아 주었다. 생각보다 포근해서 나도 모르게 등을 더 기댔다.

"어서 오세요, 친구! 일단, 홍채 인식으로 예약자 확인부터 하고 출발할게요. 몸을 앞으로 숙여 줄래요?"

익숙한 목소리에 깜짝 놀랐다. 내가 제일 좋아하는 드론 축구 선수 '카이'의 목소리였다. 이동 중 무서워하는 사람들을 위해

VR(가상현실) 체험이 있다고는 들었는데, 그 옵션인 것 같았다.

나는 얼른 누나 쪽으로 고개를 돌렸다. 누나는 내가 놀랄 걸 알고 있었다는 듯 환하게 웃으며 손을 흔들었다.

'쳇! 갑자기 감동 들어오기 있냐?'

나는 고맙단 말 대신 쑥스러워 혀를 쏙 내밀었다.

"나랑 게임 뛸 준비 되었어요?"

카이 목소리에 나는 얼른 고개를 숙였고, 빛이 깜박이는 홍채 인식기에 눈을 댔다.

"새온! 반가워. 서라벌 경기장으로 가는 거 맞지?"

"네!"

"그럼 함께 떠나 볼까? 나랑 한 게임 뛰고 나면 도착해 있을 거야."

카이의 말이 끝나자마자 투명했던 드론 천장이 초록빛으로 변했다. 그리고 곧 드론 축구 경기장으로 바뀌었고 드론 안은 환호 소리로 가득 찼다. 나는 등받이에 뒷머리를 기대고 경기장을 바라보았다. 드론 축구 경기장은 내가 가장 사랑하고 용감해지는 곳이었다.

"불안의 다른 말은 설렘이라고 했어. 즐겨 보자!"

마음을 달리 먹자 몸이 조금은 가벼워졌다. 나는 더 뒤로 푹 기

드론택시

대었다. 눈 깜빡임과 고갯짓으로 드론과 팀을 선택했다. 물론 드론은 그랑블루와 같은 기종으로 골랐다.

드디어 휘슬이 울렸다.

파란 드론 다섯 대가 각자 포지션으로 날아갔다. 나는 주장이자 스트라이커였기에 제일 앞에 위치하도록 '그랑블루'를 움직였다. 상대방 동그란 골대만 집중해서 쳐다보았다. 나의 그랑블루가 상대 골대 안으로 들어갈 수 있도록 조종하는 동안, 다른 팀원들이 상대팀 드론을 막아 줄 것이다. 드론 축구는 팀워크가 제일 중요했다.

다섯 누구도 없어서는 안 된다. 그래서 나도 용기를 낸 거고!

이번에는 절대 친구들의 기대를 저버리지 않을 것이다.

VR(가상현실) 경기도, 드론 택시 운행도 시작되었다. 그리고 나의 꿈도.

드론이 할 수 있는 모든 것?

드론은 원래 군사 목적으로 만들어진 비행 기계였어요. 하지만 지금은 사람이 탑승하지 않고 지상에서 원격 조종을 하는 무인기를 통틀어 드론이라고 한답니다.

이제는 발전을 거듭해 다양하게 활용되고 있어요. 촬영 장치를 달면 멋진 풍경을 찍고, 빛을 달면 불꽃놀이만큼 멋진 볼거리가 되기도 해요. 게다가 드론 축구, 드론 레이싱 등 드론 스포츠도 발달하고 있어요.

실생활에서는 빠르게 곳곳을 살필 수 있어 실종자 수색이나 테러 예방에 쓰이거나 택배를 배달할 때도 사용해요. 또한 교통 현황을 실시간으로 전달하기도 하고, 비료나 농약을 신속하고 정확하게 배포해 농업에도 도움을 준답니다.

환경 보호에도 드론이 활용되고 있어요. 비행 드론이 해양 쓰레기를 발견하고 양을 진단하면, 수중 드론이 가서 수집해 오는 방식이에요. 아직 시험 단계이긴 하지만, 곧 드론이 바다와 우리를 구할 날이 올 것이라 믿습니다.

최근에는 가볍고 오래가는 배터리가 발명되어서 본격적인 교통수단으로 거듭나고 있어요. 사람이 탈 수 있는 드론은 이미 완성이 되었고, 드론 택시라 불리는 개인용 항공기는 시험 운행까지 성공적으로 마쳤어요.

조금만 더 발전하면 드론 택시를 타고 등교하는 날도 곧 올 것 같아요.

드론을 타고 안전하게 이동하려면?

　많은 불편함과 위험 요소에도 드론은 운송 수단의 미래에 중요한 역할을 차지하고 있어요. 사람들이 하지 못하는 일들을 드론이 대신하고 있고, 또 맡기려 준비 중이거든요.

　아직은 드론 택시를 타고 친구를 만나러 가거나 등교할 순 없더라도, 드론이 안전하고 편리한 교통수단으로 발전하게 되면, 중요한 일에 쓰일 수 있어요. 산이나 바다에서 조난 당한 사람들을 위해 드론으로 구조대나 의료진을 보낼 수도 있을 거예요.

　또한, 각종 화재나 홍수 등 재난 속 사람 손이 닿지 못하는 곳에 보내서 다양한 긴급 지원 활동을 펼칠 수 있어요.

다만 모두의 안전이 확보될 수 있도록 적지 않은 시범 비행과 다양한 돌발 상황을 대처할 수 있는 프로그램이 개발되어야 해요. 또한 드론 간의 충돌을 피할 수 있도록 비행기와 다른 하늘길의 교통 도로가 완성되어 적절한 규제로 관리되어야 하지요.

이미 지능형 교통 체계(ITS)전문가가 등장하고, 드론이 안전하고 멀리 날아갈 수 있도록 액체수소 배터리를 연구하는 사람들도 있어요.

포기하지 않는 과학자들이 있기에, 멀지 않은 미래에 우리는 드론을 타고 안전하게 이동하는 날이 올 것 같습니다.

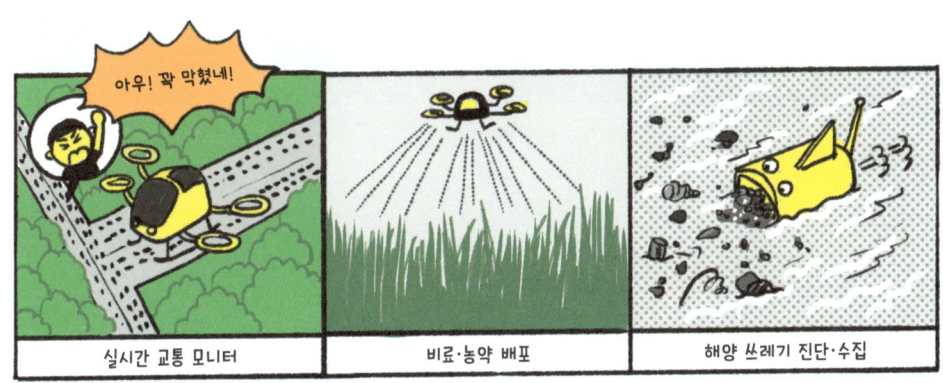

드론의 바른 역할 고민하기

빠르고 편리한 드론. 문제는 없을까요?

드론은 하늘을 날아다니는 기계라서 작은 결함에도 대형 사고로 이어질 수 있어요. 드론이 추락한다면 타고 있는 사람은 물론이고, 드론이 추락할 곳에 있을 사람들도 위험에 빠질 수 있어요.

더군다나 무인으로 움직이니, 돌발 상황을 유연하게 대처하기 어려워요. 시스템 오류가 일어나도 큰일이지만, 그 외에 주파수 해킹을 당해 드론의 통제를 빼앗길 수도 있고, 전파 차단을 당하면 추락 위험에도 놓이게 돼요.

조종사가 없이 움직인다는 것은 자동화되어 조종할 필요가 없다는 뜻이기도 하지만, 조종사의 보호를 받지 못한다는 뜻이기도 해요.

그리고 지금은 크기도 작고 운영하는 드론의 수도 적지만, 대중화되어 많은 드론이 하늘을 날아다니면 충돌 위험이 높아질 거예요.

마지막으로 드론 소음도 중요한 문제 중 하나예요.

드론은 영어로 수컷 벌을 가리켜요. 벌처럼 윙윙거리며 날아다닌다고 붙여 준 이름이죠. 지금의 드론도 작지 않은 소리를 내는데, 사람과 물건을 싣고 날아다닐 큰 드론의 소음은 더 클 거예요.

드론이 택시의 역할을 하게 된다면, 많은 드론이 도심을 날아다닐 때 내는 소음은 어찌해야 할지도 고민해 봐야 해요.

마지막으로, 혼자 혹은 적은 사람이 타고 다니는 드론이 대중교통 수단으로 옳은지도 생각해 봐야 해요. 아무리 기술이 발전한다고 해도, 드론 한 대를 움직이는 에너지는 적지 않아요. 한정된 에너지를 적절하게 사용하는 건 미래에도 중요한 문제일 테니까요.

 정답 없는 질문

드론을 자동차처럼 사용할 수 있을까?

이제부터 여러분은 교통 허가 담당자예요.

우리의 결정으로 드론을 자동차처럼 개인 소유로 자유롭게 이용하게 할 것인지, 철저하게 공적으로만 사용할 수 있게 할 것인지가 정해져요.

자동차는 이동 시간을 줄여 줘서 다양한 발전을 불러왔지만, 사고로 많은 생명을 잃고 환경 오염의 주범이 되었어요. 드론은 자동차보다 훨씬 더 많은 에너지를 사용해요.

여러분은 어떤 결정을 내릴 건가요?

인공지능

알약 하나만 꿀꺽 삼키면 천재가 되는 상상을 해 봤나요?

내 생각을 읽고 대신 움직여 주고, 공부도 대신 해 주는

인공지능 로봇을 갖게 되는 상상은요?

그런 날이 온다면 공부도 시험도 모두 사라질까요?

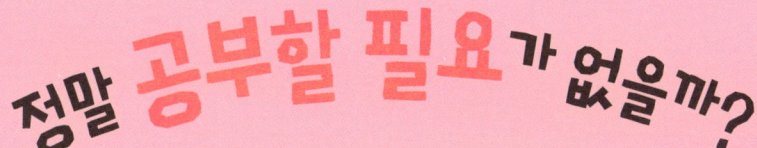

두뇌 바꾸기 프로젝트

이번 시험은 나도 백 점 맞을 수 있을 것 같았다. 지향이가 백 점 받은 이유를 알아냈기 때문이다. 수업 시간마다 졸고 있는데 시험만 잘 보는 것이 이상해서 지켜봤다가 알게 되었다.

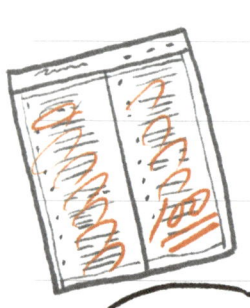

'레인블루'라는 약이 비밀 열쇠였다. 브레인 즉 두뇌를 파란 하늘처럼 깨끗하게 만들어 준다는 이름의 약인

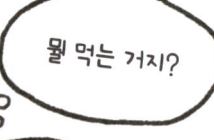

데, 시험 전 지향이가 그 약을 삼키는 것을 내가 봤다.

파란 액체가 들어 있는 투명 캡슐은 레인블루가 분명했다. 고등학생인 우리 언니도 그 약을 먹기 때문에 보자마자 알았다. 나는 공부를 많이 하고도 시험 볼 때 기억이 나질 않아서 두 문제나 틀렸는데, 수업도 제대로 듣지 않는 지향이가 일등을 하는 건 말이 안 되었다.

그러나 레인블루는 초등학생은 살 수 없는 약이다. 아직 약의 힘을 빌리지 않아도 될 만큼의 분량을 배운다나? 뭘 모르는 소리다. 우리가 얼마나 공부를 많이 하는데!

지향이도 아마 세 살 위인 언니 것을 가져왔을 것이다.

나도 언니 약을 빌리려고 온 가족이 잠들 때까지 기다렸다. 자정이 넘어가니 거실에선 아무 소리도 들리지 않았다.

딸깍.

방문을 열고 살금살금 거실로 나왔다. 중간에 움직임을 감지한 로봇 강아지 깜지가 다가와 소스라치게 놀라 소리를 지를 뻔했지만, 두 손으로 입을 막아 잘 참았다.

"깜지야, 언니 놀랐잖아! 잠시만 잠들어 있으렴!"

나는 깜지 엉덩이에 있는 스위치를 끄고, 충전대에 올려놓았다.

다시 조심스레 걸어 언니 방으로 들어갔다.

언니 침대엔 블랙홀 모드가 설정되어 있었다. 깊게 자고 싶을 때 켜 놓으면 일정 시간 주변의 어떤 빛과 소음도 뚫지 못하는 홀

로그램이었다. 내겐 큰 행운이었다. 조금은 편안하게 언니 책상 서랍을 열었다.

"서랍 정리 좀 하지! 이게 뭐람! 다 쓰레기…."

투덜거리다가 입술을 꽉 깨물었다. 언니가 뒤돌아 누웠기 때문이다. 잠을 깨진 않았지만, 생각보다 깊이 잠든 거 같지 않았다.

마음이 급해져 서랍 속에 양손을 넣고 휘저었다. 그러다 왼손 끝에 매끄러운 통 하나가 걸렸다. 꺼내 보니 투명한 통에 파란 알약이 반쯤 차 있었다. 레인블루가 확실했다.

뚜껑을 열고 손가락으로 하나를 꺼내려 했다. 하지만 닿지 않왔다.

'언니 깰 것 같은데, 왜 이렇게 안 나와!'

나는 통을 거꾸로 세워 손바닥에 털었다. 그러자 이번엔 우르르 쏟아져 책상과 바닥으로 흩어졌다.

'하아. 진짜 왜 이리 꼬이지?'

떨어진 알약을 급하게 주워 한 알은 주머니에 넣고 병에 다시 담았다. 약통 뚜껑을 닫고 서랍 속에 넣고 나니 책상 위에 한 알이 더 보였다. 어쩌나 잠시 망설이는데 언니가 다시 뒤척였다. 급한 마음에 남은 알약도 주머니에 넣고 언니 방을 나왔다. 다행히 언니가 깨진 않았다. 그렇지만 방심할 수 없었다.

바로 주방으로 뛰어가서 컵에 물을 가득 담아 내 방으로 들어왔다.

"휴우! 드디어 손에 넣었다. 레인블루!"

책상에 앉아 한 알을 들어 불빛에 비춰 보았다. 파란색이 빛을 받아 반짝였다.

'잘 부탁해! 나도 만점 받게 해 줘!'

한 번에 삼키기는 좀 큰 알약이었지만, 용기를 내었다.

꿀꺽.

물과 함께 삼키자 생각보다 스르르 넘어갔다. 하지만 그뿐이었다. 아무런 변화가 없었다.

"뭐야! 먹자마자 막 똑똑해지는 줄 알았더니!"

나는 책상 위에 놓은 남은 알약 하나를 바라보았다. 어쩌면 두 알을 먹어야 효과가 있을지도 모른다는 생각이 들었다. 남은 알약을 또 삼켰다.

하지만 이번엔 알약이 목에 걸렸다.

기침이 막 튀어나오려는 걸 물을 연거푸 마셔 겨우 삼켰다.

이번엔 달랐다. 갑자기 눈앞이 시원해져 졸린 기운이 싹 사라졌다. 그뿐 아니라, 눈에 닿는 모든 것이 쏙쏙 빨려 들어왔다. 외울 필요는커녕 읽을 필요도 없었다.

책을 펼치자마자 페이지 전체가 그림처럼 머릿속에 새겨졌다. 놀라서 입을 다물 수가 없었다. 글씨뿐 아니라 숫자도 마찬가지였다. 수학 문제도 보는 순간 답이 먼저 떠올랐다. 내가 로봇이라도 된 것 같았다.

'이러면 당연히 만점 받지! 아니 이렇게 좋은 걸 엄마는 왜 언니만 줬지?'

그동안 공부한 시간이 아까울 지경이었다. 너무 신기해서 나는 책장에 있는 책들을 마구 꺼내 읽었다. 책을 대각선으로 주르륵 읽고 넘겨도 줄거리가 눈에 다 들어왔다. 어려운 단어가 많이 있는 두꺼운 책도 술술 읽혀서 기분이 좋아졌다. 그렇게 한참을 빠져 읽다 보니 시간 가는 줄 몰랐다.

문득 정신을 차리고 시계를 보니 새벽 세 시였다.

"이크, 너무 늦었다!"

나는 서둘러 침대로 들어갔다. 하지만 잠이 오지 않았다. 점점 더 정신이 맑아졌다. 억지로 눈을 감자, 읽은 책들이 머릿속에 둥둥 떠다녔다. 낱장으로 찢어진 수십 장의 페이지가 눈앞에서 돌다가 커다란 회오리를 만들었다.

손을 뻗어 휘저었지만 소용없었다. 더 큰 회오리가 되어 방안을 삼켰다. 무서웠다.

"엄, 엄마!"

나는 엄마를 부르기 시작했다. 어지러웠다. 이젠 눈을 떠도 감아도 책장 회오리가 사라지지 않았다.

"엄마! 엄마 나 좀 살려 주세요!"

나는 크게 소리치며 울었다. 그러자 책들이 터지기 시작했다. 표지 색깔별로 눈앞에서 터져 커다란 불꽃놀이를 보는 것 같았다.

"엄마! 내가 잘못했어요.. 언니 약을 삼켰어요! 엄마!"

엄마를 부르는 동안에도 무지갯빛 불꽃이 더 커지며 터졌다. 어느새 눈앞이 대낮처럼 밝아졌다. 대신, 정신이 희미해졌다.

"나리야! 너 왜 그래?"

엄마의 목소리가 들리는 거 같았지만, 눈을 뜰 수가 없었다.

"엄마, 나 백 점 안 맞을래."

"나리야! 나리야 눈 좀 떠 봐!"

갑자기 눈앞이 깜깜해졌다. 그렇게 얼마나 지났는지 알 수 없었다.

어디선가 빗소리가 들렸다. 슬며시 눈을 떠보니 엄마가 나를 지켜보고 계셨다.

"엄마!"

"응! 엄마 여기 있어! 이제 괜찮아?"

주변을 둘러보니 내 방 침대였다.

"어떻게 된 거예요?"

"내가 물을 말이다! 나리 너 무슨 짓이야."

"아니, 그게요."

나는 맨날 수업 시간에 조는 지향이가 레인블루를 먹고 백 점 맞았다는 것을 알게 되어 언니 서랍에서 꺼내 삼켰다는 말까지 했다.

어이없다는 표정으로 듣던 엄마는 가볍게 주먹을 쥐고 나의 머리를 콩 쥐어박았다.

"이 녀석아! 지향이가 눈을 감고 있던 건, 레인피스라는 기억 저장 보조 장치로 수업을 저장하는 거였어. 목뒤에 칩을 심고도 약을 자주 먹어야 한다더군."

"뭐라고요? 아닌데! 지향이가 레인블루 먹는 거 제가 봤어요!"

"지향이가 먹은 건 레인블루 아니고 레인피스 보조제야!"

"약도 먹고 칩도 심어서 완벽했구나. 그 좋은 걸 우린 왜 안 했어요?"

"아직은 실험 단계라서 칩으로 추적 관찰을 한다더라. 너희 모든 상황이 실시간으로 공유되는 건 좀 꺼려지더라고. 보조제도 먹어야 한다는 건 아직도 불안정하단 뜻이기도 하고!"

"아….."

"근데 너 누가 언니 약 함부로 먹으래! 언니 몸무게에 맞춘 거라서 너한테는 너무 강하단 말이야!"

"어쩐지 두 알 삼키자마자 핑 돌더라니!"

"뭐라고 두 알? 세상에나. 어쩐지 이틀을 내리 자더라니!"

"이틀? 엄마? 지금 이틀이라고 하셨어요?"

"응! 너 이틀이나 잠들었어. 레인블루 부작용이야. 능력을 당겨쓰는 거라 다음 날은 꼼짝없이 자야 해! 그래서 언니도 잘 안 먹어."

"엄마! 그럼, 제 시험은….."

"아예 치루지도 않았으니 빵점 아니겠어?"

그랬다. 레인블루는 내게 전교 꼴찌를 선물로 주었다.

인간의 두뇌를 닮은 인공지능 시스템이 있다고?

인간의 두뇌에 관한 관심과 뇌 과학 연구는 멈추지 않을 거예요. 사람에게 일어나는 다양한 문제를 해결할 수 있는 핵심 열쇠를 쥐고 있는 기관이니까요. 뇌의 복잡한 기능과 구조를 이해하게 된다면 의학, 심리학, 교육, 인공지능 등 사회 전반적으로 영향을 줄 거예요.

알츠하이머병, 파킨슨병 등 뇌 노화나 질환을 치료할 방법도 나올 테고, 뇌 신경을 미리 읽고 신경 장애를 예방하는 길도 열릴 거예요.

사람들의 생각을 읽을 수 있는 신경 장치가 초소형으로 개발되면 실생활에서도 다양하게 쓰일 거예요. 신경 장치 스티커를 몸에 붙이고 물건을 사면, 상품 만족도가 실시간으로 상점에 전달되어 취향에 맞는 상품을 골라 줄 수도 있어요. 범죄를 저지른 사람들에게 부착시키면 자백 없이도 범죄를 입증할 수 있고, 범죄를 저지르기 전에 미리 경고해 재범을 예방할 수 있겠죠. 반대로 범죄에 악용될 수도 있어서 더 섬세한 연구가 필요해요.

인간의 두뇌 작동 원리를 모델 삼아 인공지능 시스템도 개발될 거예요. 그 시스템을 바탕으로 인간과 유사한 로봇을 만들거나, 사고로 몸을 움직일 수 없는 사람들의 뇌와 컴퓨터를 연결하여 의사소통을 가능하게 할 수 있어요.

학습 과정에서는 학생들의 뇌 활동을 이해하고 분석함으로써, 효율적인 교육 방법을 개발할 거예요.

아예 뇌에 학습 능력 저장 장치를 만들어 심을 수도 있어요. 학습과 기억 정보를 간직하고 있다가 필요할 때 꺼내 쓸 수 있는 초소형 신경 칩을 몸에 이식하는 날이 올지도 몰라요. 그런 날이 오면 학원은 없어질 거예요. 남들과 똑같은 걸 배우는 건 의미가 없을 테니까요.

대신 자연과 사회 현상에 대한 강한 호기심을 갖고 답을 집요하게 찾는 열정이 필요하겠죠. 이건 인공지능 시스템이 할 수 없는 일이거든요.

뇌 과학이 발달할수록 우리는 사람만이 할 수 있는 문제에 집중해야 해요.

단순히 머리 좋아지는 알약이나 암기를 대신해 주는 칩 정도를 줄 수 있느냐의 문제보다 사람과 거의 비슷하게 사고하는 인공지능을 어떻게 사용할 것인가 고민해야 하죠.

새로운 기술이 등장할 때마다 사람들 간의 관계가 달라지고 사회도 변했어요. 변화될 사회를 어떤 마음가짐으로 맞이할 것인가를 함께 고민해 봐요. 어떤 것이 더 중요한지 가치를 판단하는 일은 우리만 할 수 있으니까요.

시작은 뇌 연구에서부터

많은 나라에 비상이 걸렸어요. 초고령 사회에 들어서면서 뇌 노화로 질병을 앓는 사람들이 늘어날 수 있거든요.

대표적으로 뇌가 몸에 내리는 명령을 수행하지 못하고 끝내 숨까지 멈추는 파킨슨병도 뇌가 노화하며 일어나는 병이에요.

많은 과학자가 뇌 연구를 시작했고, 덕분에 우린 뇌에 대해 많은 것을 알게 되었어요.

인간의 뇌는 수많은 신경 세포(뉴런)로 이뤄져 있어요. 약 천억 개의 뉴런이 있는데, 이들은 시냅스를 통해 서로 연결되어 정보를 처리해요.

지금 여러분이 책을 읽는 순간에도 눈의 세포들이 만들어 낸 전기 신호를 뉴런과 시냅스가 모으고 연결하여 맞는 정보를 찾아 뇌로 전달하는 중이랍니다.

뉴런과 시냅스는 촘촘한 그물망처럼 서로 연결되어 있어요. 하지만 이 그물

망처럼 보이는 신경망은 고정된 상태가 아니에요. 강렬한 경험이나 새로운 생각을 하게 되면 연결이 끊기기도 하고 새롭게 연결되기도 해요.

뇌에는 '해마'라는 기관이 있어요. 모습이 바다에 사는 해마를 닮았다고 해서 같은 이름을 쓰는데, 해마는 새로운 사실을 학습하고 기억하는 기능을 하는 중요한 기관이에요. 즉, 해마가 손상되면 새로운 정보를 기억할 수 없답니다.

원리를 찾은 과학자들은 뇌 손상과 뇌 질환을 극복하는 실마리를 찾기 시작했어요.

몸이 마비된 사람들의 뇌에서 전기 신호 즉 뇌파를 분석해 생각을 읽어 내는 기술을 만들어 냈고, 최근에는 뇌에 컴퓨터 칩을 심어 생각을 읽어 낼 수 있는 기술도 개발 중이에요. 인간의 뇌를 컴퓨터와 완벽히 연결하는 방법도 나올 수 있다고 해요.

뇌 신경망을 지도처럼 그리는 '커넥톰'이 국가적 장기 연구 프로젝트로 시작되었어요. 뉴런과 시냅스가 연결된 신경망을 지도로 그려 내는 것이죠.

하지만 천억 개의 뉴런과 그를 연결하는 1백조 개의 시냅스가 연결된 모습을 그리는 건 어려운 일이에요. 게다가 커넥톰은 사람마다 시기마다 다르거든요. 물론 완성된다면 뇌의 수많은 비밀이 풀려 많은 뇌 질환을 극복할 수 있을 거예요.

반대로 로봇에 사람 뇌 구조를 적용한 사례도 있어요. 사람의 뇌 구조를 본뜬 반도체 뉴로모픽 칩도 등장했거든요.

그동안의 반도체는 사용 방식에 따라 제작했지만, 뉴로모픽 칩은 하나의 반도체에 저장, 연산, 인식, 일정한 양식 분석까지 가능해요.

    뇌신경 세포 간 신호 전달 방식을 모방해 효율적으로 데이터를 처리하는 방식이에요. 기존 컴퓨터와 달리 소비 에너지가 적어 인공지능 기능을 저전력으로 수행할 수 있다는 장점이 있어요.

    뉴로모픽 칩은 대량의 데이터를 처리해야 하는 자율주행, 사물 인터넷(IoT)을 넘어 인공지능 로봇 개발 등으로 폭넓게 활용되고 있어요.

    연구가 계속되면 현재 인공지능을 뛰어넘어 보고, 듣고, 배우고, 몸을 움직이는 사람 뇌의 고차원적 기능을 똑같이 따라 할 수 있는 미래 인공지능이 개발될 거라고 예상해요.

인간의 두뇌는 실험할 수 없어!

아프거나 일상생활이 힘든 사람들을 치료하고 돕는 과학 기술은 꼭 필요해요. 하지만 모든 기술이 그렇듯 한 번에 완성할 수는 없습니다. 안전성과 효과를 증명하려면 많은 실험이 필요하죠.

이상 반응을 조사하고 효과를 확인하기 위해서는 많은 동물과 사람을 대상으로 시험 또는 연구가 이뤄져야 해요.

그 과정에서 예상치 못한 부작용을 얻을 수 있어요. 모든 과정에는 부작용이 생길 수 있지만, 뇌의 경우에는 문제가 조금 더 심각해요.

뇌 실험으로 많은 동물이 죽었고, 첫 뇌 치료로 대부분의 기억을 잃은 사람도 있어요.

1926년에 미국에서 태어난 헨리 몰레이슨은 어릴 적 자전거 사고로 뇌 신경세포에 이상이 생겨 잦은 발작을 일으키는 뇌전증을 앓고 있었어요. 증상이 심해지자 1953년, 치료를 위해 해마를 포함한 뇌 일부분을 제거하는 수술을 받았어요. 다들 해마가 어떤 역할을 하는지 모를 때였죠. 하지만, 수술 이후 일상생활이 어려워졌어요. 어떤 일이 생겨도 30초밖에 기억하지 못했거든요.

덕분에 뇌 과학은 많은 것을 알아 내고 놀랄 만한 속도로 발전했지만, 몰레이슨의 삶은 늘 '잠에서 갓 깬' 느낌이었다고 해요.

만약 몰레이슨이 수술 이후 50여 년을 짧은 기억력으로만 살아야 한다는 것을 수술 전에 알았다면, 어땠을까요? 그래도 같은 선택을 했을까요?

인간의 두뇌에 칩을 심고, 혹은 두뇌 신경망을 컴퓨터에 연결하는 첨단 과학

기술도 처음은 있을 거예요. 신청을 자발적으로 받는다고는 하지만, 감당해야 할 두려움과 부작용의 크기는 결코, 적지 않을 거예요.

몸이 제 기능을 하지 못하면 대체하거나 불편해도 살아갈 수 있지만, 뇌가 제 기능을 못 하는 뇌사 상태는 거의 죽은 것과 같다고 보는 시선도 있어요.

뇌는 삶과 죽음을 결정할 수 있을 만큼 중요한 기관이라 보다 신중하게 접근해야 해요.

진짜 나는 어디에 있을까?

이제부터 여러분은 중요한 선택을 해야 해요.

심각한 기후위기로 지구 전체가 곧 물에 잠길 예정이에요. 다행히 두 행성에서 우릴 구하러 왔어요. 하지만 두 행성의 조건이 정말 달라요.

첫 번째 칸 행성은 행성 자체가 작아, 뇌의 기능만 저장해 가져갈 수 있대요. 물론, 행성 모두가 형체 없이 망으로만 연결되어 살아간다네요.

두 번째 융 행성은 행성 자체는 커서 모두 갈 수 있지만, 워낙 멀어서 가는 동안 뇌의 기능이 정지된대요. 물론 행성에 가면 새로운 뇌를 부여받지만, 기억을 새로 쌓아야 해요.

아, 저 멀리 해일이 몰려오고 있어요. 지금 결정을 해야 해요.

여러분은 어디로 갈 건가요?

건강

발에 스프링이라도 단 듯 껑충껑충 뛰어오르는 내 모습을 상상해 봐요.
무척 빠르고 심지어 아프지도 않아요.
그런 다리를 갖게 되면 엘리베이터가 필요 없을지도 몰라요.
엘리베이터를 기다리는 것보다 뛰어가는 것이 더 빠를 테니까요.

나와라, 만능 다리

　오늘은 무척 힘들었다. 친구들이 싸웠는데, 반장인 나는 둘 중 누구의 편도 들어줄 수 없었기 때문이다.

　싸움은 곧 있을 달리기 대회의 선수를 뽑다가 시작되었다. 해마다 그랬듯 전교에서 제일 빠른 인우에게 반 대표를 맡기려는데, 구석에 앉아 있던 민호가 손을 들었다.

　"저기, 올해는 내가 해 보고 싶은데!"

　순간 침묵이 흘렀다. 작년까지 휠체어를 타던 민호였기에 다들 더 놀랐다.

　"민호야. 네가 인공 근골격 수술을 받은 건 알지만, 달리기까지? 괜찮겠어?"

　"그래! 민호야! 이건 그냥 달리기도 아니고 시합인데, 뛰다가 다치면 큰일 나!"

　나의 말에 인우도 맞장구를 쳤다. 하지만 민호의 의지는 무척이나 단단했다.

　"나 사실 수술하고 나서는 다리에 힘이 넘치고 아무리 뛰어도 피곤하지 않아. 그래서 진짜 잘 달려!"

민호는 잠시 말을 멈췄다가 뺨이 발그레해진 채로 덧붙였다.

"다만 쑥스러워서 말 안 했을 뿐이야!"

"아!"

생각해 보니 두 계단씩 마구 뛰어오르는 민호를 봤다. 수술 후 걷게 되어 신나서 그리 걷나 보다 했었지, 인우보다 빠르게 달릴 수 있을 거란 생각은 못 했다. 무슨 말을 해야 할지 몰라 잠시 머뭇거리니, 우리 반 일등 태연이가 명쾌하게 답을 찾아 줬다.

"그럼, 대결해야겠네!"

"대결?"

"당연하지! 모두에게 기회를 주고 제일 빠른 사람이 되는 것이 정정당당하지!"

태연의 말에 많은 아이가 고개를 끄떡였고, 나도 동의했다.

"그럼, 그러자!

인우야. 우리 점심 먹고 운동장에서 대결하자!"

흥분한 민호 제안에 인우는 잠시 머뭇거리다가 아주 작게 고개를 끄떡였다. 그렇지만 눈썹 사이 좁혀진 미간은 어쩌지 못했다.

아이들은 점심도 대충 먹고 운동장으로 모였다. 민호와 인우는 내가 그어 놓은 선 위에 섰다. 백 미터 달리기였고, 결승선엔 태연이가 서 있었다.

둘 다 손목과 발목을 돌리며 준비운동을 하더니 진지한 표정으로 출발 자세를 취했다.

"하나, 둘, 셋!"

내가 외친 출발 신호에 맞춰 민호와 인호가 뛰었다. 아이들이 양쪽으로 서서 응원을 시작하려는데 놀라운 일이 일어났다.

민호가 한 걸음 한 걸음 보폭 넓게 뛰어올랐다. 마치 발에 스프링이라도 달린 것 같았다. 게다가 진짜 빨라서, 키 큰 어른이 내딛는 보폭으로 뛰니 순식간에 결승선에 도착했다. 너무나 놀라운 속도로 시합이 끝나 버리자, 아이들이 환호성을 질렀고 민호도 만세를 부르며 기뻐했다.

"축하해. 민호야! 이 대단한 능력을 왜 숨기고 있었어!"

"고마워! 태연아."

민호와 태연이가 마주 보며 환하게 웃었다. 그때였다.

"뭐가 대단한 거야! 이건 반칙이지!"

조금 늦게 결승선에 도착한 인우가 가쁜 숨을 내쉬며 말했다.

"반칙은 무슨! 정정당당하게 대결했잖아!"

"김태연, 너도 민호 뛰는 거 봤잖아. 그게 어디 사람이 뛰는 거야?"

"그게 무슨 말이야! 사람이 아니라니! 그럼, 뭔데?"

"로봇!"

인우의 대답에 민호의 표정이 굳어졌다. 소리를 지르던 친구들도 조용해졌다.

"인우야! 너 무슨 말을 그렇게 해!"

나의 지적에 인우는 더 큰소리를 냈다.

"내 말이 틀려? 수술해서 저렇게 뛸 수 있다면, 노력이 무슨 소용이야. 매일 아침 운동장을 30분씩 뛰는 내 노력은 쓸모없잖아!"

"……."

인우 말이 맞았다. 하지만 걷지 못하던 민호가 인공 근골격 수술을 받고 잘 뛰게 된 건 분명 좋은 일이었다. 일부러 느리게 뛰라고 할 수 없었다.

"그럼, 너도 수술 받든가!"

"뭐라고? 민호! 너 말 다 했어?"

화를 참지 못한 인우가 민호에게 달려들어 넘어트렸다. 민호도 지지 않고 인우 멱살을 잡고 흔들었고, 곧 한 몸으로 엉켜 싸웠다.

뜯어말려 보려고 했지만, 힘이 부족했다. 그래도 있는 힘을 다해 둘을 떼어 놓으려다가 뿌리치는 손에 코를 얻어맞았다.

"아얏!"

내 비명에 인우와 민호가 겨우 멈췄다. 너무 아파서 화를 내려는데, 코에서 뜨거운 뭔가가 흐르는 게 느껴졌다.

나는 재빨리 소매로 코를 막고 고개를 뒤로 젖혔다.

"으앙! 나 코피나! 너희 말리다가 다쳤나 봐!"

"뭐라고?"

인우와 민호가 벌떡 일어나 내게 달려왔다.

"이게 뭐야! 친구끼리 싸우니까 좋아?"

"반장, 미안해!"

인우가 사과하자, 민호도 뒤이어 사과했다.

"승헌아, 나도 미안해! 네가 다칠 줄 몰랐어!"

둘의 가라앉은 목소리를 듣자, 다행이란 생각도 들었지만, 갑자기 서러워서 눈물이 흘렀다.

"승헌이 손 좀 살짝 떼어 봐. 목으로 코피가 넘어가면 몸에 안 좋…, 응? 푸하하!"

내 콧등을 세게 누르며 지압하던 태연이가 갑자기 크게 웃었다.

"너 지금 웃는 거야?"

너무 서운해져서 화가 나려는데, 친구들도 함께 웃고 있었다.

심지어 인우와 민호도 얼굴이 빨개지도록 웃음을 참고 있었다.

당황스러워서 눈만 껌벅이고 있으니, 태연이가 말했다.

"너, 코피 아니고 콧물이야. 어휴! 울보야!"

"응? 그럴 리가!"

나는 손을 떼고 코를 틀어막았던 소매를 보았다. 믿고 싶진 않았지만 진짜로 콧물이었다.

"푸하하!"

얼굴까지 빨개진 나를 보고 인우와 민호가 웃기 시작했다. 뭐가 그리 웃긴지 한 손으로는 배를 잡고, 다른 손으로는 서로의 어깨를 잡고 웃어 댔다. 그렇게 한참을 웃더니 인우가 먼저 말을 꺼냈다.

"민호야. 미안해. 내가 말이 심했어!"

"아냐, 네 말이 맞아. 네가 매일 뛰면서 노력해서 얻은 능력을 난 너무 쉽게 얻었어!"

"쉽게라니! 수술 전후에 네가 고생한 거 내가 다 아는데, 정말 미안."

"그래, 맞아! 로봇은 좀 심했다! 나처럼 멋진 로봇이 어디 있나?"

"아! 뭐래! 사과 취소!"

인우와 민호가 마주 보며 또 웃었다. 일단은 다행이다 싶었지만, 반장인 내겐 아직 고민이 남았다. 누가 달리기 대표를 해야 옳은지 진짜 모르겠다.

지식 한 입

사람처럼 유연하게 움직이는 로봇도 있을까?

생체 공학 기술은 사람 몸에만 사용되고 있지 않아요. 로봇에게도 적용되어 좀 더 인간과 가까운 로봇을 만들어 내고 있어요.

자연이나 생물체의 특성을 연구하고 모방하는 '생체 모방 기술'은 발전을 거듭해 인간과 비슷한 휴머노이드 로봇을 만들어 냈어요.

제품 조립이나 가스 채취 등 단순한 육체 노동을 대신할 로봇도 출시되었고, 복잡한 계기판을 자유자재로 조작하고 손가락 관절 마디마디 조종 스틱도 움직일 수 있는 휴머노이드 파일럿 로봇도 만들어졌어요. 아직 시험 단계이긴 하지만 파일럿 로봇은 생성형 인공지능 기술을 적용해 전 세계 항공 차트를 전부 기억하고 비상 상황에도 즉각 대응할 수 있게 만들었다고 해요.

로봇을 위한 인공 근육도 연구되고 있어요. 탄소 나노 튜브 섬유를 용수철처럼 꼬아 만든 인공 근육은 사람보다 40배 이상의 힘을 낼 수 있다고 해요.

완성되면 모터를 쓰지 않고 움직이는 로봇이 만들어질 수 있어요. 아직은 에너지 효율이 낮아 완제품을 만들지 못했지만, 효율을 높이는 문제만 해결되면 사람처럼 자연스럽게 움직이는 로봇을 만나게 될 것 같아요.

로봇의 인공 피부 기술도 놀랄 만하게 발전 중이에요. 인간 피부를 모방해 미세 주름을 가진 얇은 소재로 만들었지만, 인간의 손보다 더 뛰어난 감각을 가진 인공 피부를 만들고 있어요.

로봇들에게 촉감과 온도감을 줄 수 있다면, 폭발물이나 신경 작용제와 같은 화학물질이나 전염성 박테리아나 바이러스와 같은 생물학적 위험을 감지하는

데 효과적으로 쓰일 거예요.

로봇이 사람에 가까워질 만큼 생체 모방 기술이 발전한다면, 다시 인간 눈에 이미지 센서를 심어 망원경 없이도 멀리 보고, 인공 근육보다 훨씬 강도 높은 탄소 나노 튜브를 뇌 신경 세포와 연결해 웬만한 기계보다 힘세고, 자동차보다 빠른 팔다리를 갖게 될 거예요.

뇌 외에는 다 인공 로봇 대체재 로 만들어진 로봇과 친구를 하게 될 날이 올지도 모르겠어요.

우리 몸의 일부가 된 과학 기술

오래전에 한쪽 눈과 팔, 두 다리를 잃는 사고를 당한 주인공이 사이보그 시술을 받아 악당들을 무찌르는 소설과 드라마가 크게 인기를 얻은 적이 있어요.

트럭도 들어 올릴 수 있는 팔과 자동차보다 빨리 달리는 두 다리, 그리고 천 리를 볼 수 있는 눈 등을 활용해 적과 싸우는 장면에 많은 사람이 흥분했거든요.

40여 년 전에도 신체 일부분을 기계로 대체하는 생체 공학 기술을 상상했고, 필요성을 공감했다는 뜻이겠죠.

상상은 도전을 부르고 현실을 만들어요. 인공 장기는 물론 신체를 대체할 기계를 연구하고 만들기 시작했거든요.

물론 아직까진 드라마처럼 사람의 능력을 넘어서거나 사람만큼 정교하게 움직일 수는 없어도 손상된 인체를 되살리거나 보조하는 기술은 계속 발전하고 있어요.

심장이나 신장 같은 장기도 인공으로 개발되고 있어요. 그동안은 기증받은 장기를 이식하는 방법밖에 없어 치료를 못 하는 사람이 많았거든요.

동물 몸속에서 장기를 키워 이식하는 것도 시도하고, 시험관 속에서 사람의 줄기세포로 안전한 장기를 키워 만들어 내는 세포 기반의 '인공 장기 기술'도 시도하고 있어요. 상태가 안 좋은 장기에서 건강한 세포만 골라 인공 배양한 후 3D 프린터로 장기를 찍어 내는 '바이오 프린팅'이라는 방법도 연구 중이래요.

로봇 기술을 바탕으로 단순히 체중을 버티는 것이 아니라 걷는 상황을 다양하게 인식해, 상황에 최적화된 움직임과 힘을 능동적으로 사용하여 자연스럽게 걸을 수 있도록 만든 '스마트 로봇 의족'도 개발되었어요.

관절이 많은 손가락은 만들기 더 어렵지만, 포기하지 않고 팔뚝 부분의 센서를 통해 근육 신호를 측정하여 움직이는 '스마트 로봇 의수'도 개발 중이에요.

안경에 붙어 있는 작은 카메라에 무선으로 연결돼 사용자의 망막을 자극하는 방식으로 작동하는 '생체 공학 눈' 기술도 만들어져서 실험 중이에요.

인공 근육을 활용한 '착용형 로봇'도 개발하고 있어요. 근육은 움직이는 모든 부분에 있기에 생명 유지에 필수적이지만 상처 입으면 치료가 매우 어려워요. 그래서 과학자들은 인공 근육을 개발하기 위해서 노력 중이에요.

근육 세포가 자랄 수 있는 환자 맞춤형 틀로 만들고, 면역 거부 반응을 일으키는 유전 물질을 제거하는 영양분을 제공해 근육 세포가 조직으로 자라도록 개발하고 있어요. 환자의 피부 세포를 근육 세포로 바꿔 면역 거부 반응 문제를 해결하는 기술도 연구 중이에요.

현명한 시선이 중요해!

발전한다는 것은, 아직 발전할 것이 남았다는 뜻이기도 해요. 과학 기술은 늘 한계를 만나 왔고, 그 한계를 깨며 발전해 왔어요.

인공 장기 및 대체 로봇도 지금 기술적 한계를 넘으려 많은 연구진이 애쓰고 있어요. 손상된 인체 기관을 대체할 인공 장기나 로봇은 제작부터 이식까지 만만치 않기 때문이에요.

모양뿐 아니라 많은 혈관으로 영양분과 산소가 공급되는 구조적인 기능을 가져야 해서 인공적으로 만들기 어려워요. 전 세계 많은 연구진이 피부나 각막 같은 조직은 물론 심장, 폐, 췌장 등 다양한 장기를 만들려고 애쓰고 있지만 아직 기술적인 문제가 해결되지 않았어요.

동물에게서 얻은 인공 장기도 마찬가지예요. 동물 몸속에서 자란 장기에서 아직 발견되지 않았던 치명적인 바이러스가 인간에게 옮겨질 가능성도 있어요.

게다가 겨우 만들어진 장기를 이식한다고 하더라도 거부 반응이 있을 수 있어요. 장기를 몸에 이식하는 순간부터 장기의 세포가 예정보다 빠르게 죽기도 하고, 혈액이 돌면서 혈관이 망가지기도 해요. 면역 세포가 인공 장기를 체내 장기로 인식하지 못하면 면역 체계에 이상이 생겨 예상치 못한 질병이 생길 수도 있어요.

3D 바이오 프린팅 기술도 많은 발전을 거듭한 끝에 환자 맞춤형 인공 뼈를 만들 수 있게 되었지만, 프린팅이 가능한 재료와 세포가 제한적이라서 아직 더 많은 연구가 필요해요.

무엇보다도 윤리적인 문제가 중요한 과제로 남았어요.

인간의 장기를 얻기 위한 동물을 만들고 또 이들을 죽여 장기를 얻는 일이 옳은지 생각해 봐야 해요. 인간 중심적인 사고로 생명을 바라보는 건 지양해야 할 일이죠.

인간의 편의를 위해 무분별하게 개발된 자연으로부터 여러 재해를 입은 것처럼 인간 중심으로 생명을 다루게 되면 분명 더 큰 값을 치를 거예요.

또한, 로봇 대체 장기도 해결해야 할 문제가 남았어요. 지금 만들어진 로봇 대체 장기는 무척 비싸요. 첨단 기술과 많은 인력이 투입되어 만들어진 기계거든요.

인공 장기나 대체 로봇은 지금의 의료보다 더 많은 차별을 가져올 수 있어요. 단순히 불편함을 넘어선 생명 유지에 관련된 장기라면 소득이 높은 사람과 낮은 사람은 기대 수명에서조차 몇 배가 차이 날 수도 있어요.

과학 기술 발전과 함께 제도적 장치나 윤리적 공감대가 마련되지 못한다면 인공 장기로 인해 신종 범죄가 발생하거나 더 큰 고통이 생겨날 수도 있어요.

발전된 과학 기술을 현명하게 사용하는 방법을 모두 함께 생각해 봐야 해요.

강철 다리를 가지려면 선택해야 돼!

저는 지금 수술을 앞두고 있어요.

교통사고를 크게 당했어요. 다리를 다쳤는데, 뼈가 부러지고 신경이 끊어졌대요. 그래서 당장 수술을 해야 하는데, 선택할 것이 있어요.

뼈가 붙도록 철심을 박고 신경을 잇는 수술을 하면 엄청 아프고 낫는 데 오래 걸린대요. 대신 이전과 같은 모습으로 돌아갈 수 있어요.

하지만 인공 관절로 수술받게 되면 수술 시간은 물론이고 회복도 빠르대요. 또한 다치기 전보다 훨씬 강한 다리를 갖게 된대요. 그러나 균형을 위해서 안 다친 다리도 같이 수술해야 하고, 모양이 크게 달라져요. 피부부터 티타늄의 검정빛이래요.

이왕 수술하는 거 튼튼한 다리가 되고 싶기도 한데, 안 다친 다리까지 수술받아야 한다니 무섭기도 하고 어떻게 해야 할지 모르겠어요.

여러분이라면 어떤 선택을 내릴 건가요?

로봇

반려동물 로봇과 친구를 하고
다양한 기능을 한 번에 해내는 AI 가전이 나랑 놀아 주는 날을 상상해 봐요.
그러나 사람이 실수하듯 로봇도 오류를 일으킬 수 있어요.
만약 그 오류를 멈출 방법을 모른다면 어찌 될까요?
로봇과 진짜 친해지려면 로봇에 대해 잘 알고 있어야 한답니다.

친구일까 감시자일까?

집안 공기가 오염되었습니다. 청정 모드 작동.

오늘 기분을 말하면 음악을 추천해 줄게.

홈, 홈, 나의 스마트 홈

정말 큰일 날 뻔했다.

아직도 심장이 두근거린다. 사실, 처음엔 별일이 아닌 줄 알았다.

학교가 끝난 후 집에 돌아와 거실 소파에 책가방을 내던졌다. 그리고 습관처럼 스노우맨을 작동시켰다.

"스노우맨! 공기 청정 최강으로!"

"멍!"

스노우맨을 불렀는데, 반려 로봇 강아지 포리가 대답했다. 나의 목소리에 절전 모드에서 깨어난 것 같았다. 은빛 티타늄이 매끈하게 빛나는 포리가 꼬리를 흔들었다.

"포리, 너 말고 스노우맨!"

"네! 정화 시작하겠습니다!"

"멍!"

스노우맨과 포리는 동시에 대답했고, 같이 움직였다. 포리가 앞서서 걸었고, 그 뒤를 스노우맨이 뒤따랐다.

스노우맨은 공기 정화와 청소를 한 번에 해 주는 로봇이다. 탄소 섬유로 만들어진 하얀 공 두 개가 겹쳐 있는 모습이 눈사람을 닮았다고 해서 붙여진 이름이다.

환경 오염이 심해져서 창문을 열지 못하게 되자 모든 집에서 공기 청정기의 필요성을 느꼈다. 때마침 개발된 스노우맨이 공기 청정은 물론, 청소까지 한다고 소문이 나자 큰 인기를 끌었다. 게다가 최신 스노우맨은 벌레도 잡았다. 단독 주택이라 벌레가 많이 들어오는 우리 집에 꼭 필요한 로봇이라 출시되던 날 샀다.

날아다니는 모기, 날벌레는 물론, 바퀴벌레나 가구 뒤 숨은 각종 벌레도 샅샅이 찾아내 잡았다. 최신형 로봇답지 않게, 벌레를 흡입기로 빨아들여 내부에서 갈아 버리는 방법이 좀 걸렸지만, 확실하게 없애는 방법이라고 설명서에 쓰여 있었다.

나중엔 업데이트를 통해 보안의 기능도 더해져 침입자로부터 집을 지킬 수 있다고 했다. 하지만 내게 스노우맨의 가장 큰 쓸모는 따로 있었다.

"자, 간다! 잘 받아!"

나는 소파 위에서 힘껏 뛰어올라 스노우맨에게 업혔다. 탄력성 좋은 탄소 섬유 위에 폭신한 아크릴 천이 덮인 스노우맨의 등에

매달리면 엄마 품처럼 포근했다. 게다가 힘은 엄마보다 세서 청소하는 내내 나를 업고 다녔다. 두 다리를 스노우맨 허리에 꼭 감고 팔은 늘어트린 채 머리를 스노우맨 머리에 얹었다.

"끄응, 끄응."

업혀 있는 나를 보고 포리가 눈을 깜박였다.

"안 돼. 스노우맨 등은 나만 탈 수 있어!"

"멍멍."

나는 포리를 향해 혀를 쏙 내밀었다.

부모님이 늦게까지 일하셔서 낮엔 늘 혼자 있었다. 그런 내게 포리와 스노우맨은 친구이자 가족이었다. 엄마 아빠 어렸을 적에는 형제라 불리는 또래가 같이 살았다는데, 얼마나 좋았을까. 생각만 해도 부럽다. 지금은 세 집 중 한 집에만 아이가 있다. 아이가 둘인 집은 거의 없다. 하지만 형제를 갖고 싶은 마음까지는 어쩔 수 없었다.

나는 형이 절실했다.

"스노우맨, 네가 형 할래?"

"형? 어떻게 하는 거죠?"

"형은, 니가 나보다 위라는 거야. 나랑 놀아 주고, 위험에서도 지켜 주고!"

"지민! 지금 위험합니까?"

"아니, 그게 아니라 혼자 있다가 위험에 빠질 수 있으니까…"

"지민! 위험에 빠졌습니까?"

같이 삼행시도 짓고, 끝말잇기도 해 주던 스노우맨이었다. 하지만 오늘은 자꾸 엉뚱한 소리를 했다. 오늘따라 답답하게 느껴졌.

나는 몸을 반쯤 일으켜 주먹으로 스노우맨 머리를 쾅 내리쳤다. 생각보다 단단해서 손이 얼얼했다.

"아니! 그게 아니라 예를 들어서 말이야. 침입자나 큰 벌레가 나타나…"

그때였다.

"비상, 비상. 큰 침입자 등장!"

노랗던 스노우맨의 허리띠가 빨간색과 파란색으로 번갈아 변

109

하기 시작했다. 그리고 갑자기 제자리 돌기를 시작했다. 그것도 아주 빠르게!

그 바람에 난 바닥으로 내동댕이쳐졌다.

"이게 무슨 짓이야!"

"침입자 감지! 침입자 감지!"

스노우맨이 다가왔다. 바닥에 넘어져서 본 스노우맨은 거대했다.

나는 발딱 일어나 도망치기 시작했다. 하지만 스노우맨도 빠르게 따라왔다. 빨강 파랑 빛을 번쩍이며 조금도 멈출 기세 없이 속도를 높여 뒤를 쫓았다. 거실을 지나 안방으로 가는 복도 쪽으로 달렸다.

'뭐지? 방금까지 포근하고 상냥했던 스노우맨이 왜?'

도망가면서도 믿기지 않아 슬쩍 돌아보니 스노우맨이 바로 뒤에 있었다. 너무 놀라 발이 꼬였다.

우당탕.

안방으로 들어가 문을 잠글 생각이었는데 방문 바로 앞에서 엉덩방아를 찧었다. 큰일 났다고 생각한 순간, 포리의 소리가 들렸다.

"멍!"

"아, 맞다. 포리! 어서 이리로 달려와!"

안기라고 두 손을 뻗었지만, 포리는 내게 오지 않았다.

믿기 싫은 일이 일어났다. 포리는 내 앞을 가로막고 선 다음 몸을 동그랗게 말아 스노우맨 바퀴 쪽으로 굴렀다. 순식간에 일어난 일이었다.

"아! 안 돼! 포리야! 제발!"

우지끈.

쿵!

포리가 부서지는 소리가 들렸고, 갑작스럽게 굴러온 포리를 피하지 못한 스노우맨이 달려오던 속도 그대로 크게 넘어졌다.

"으앙! 포리야!"

나는 포리 쪽으로 손을 뻗었지만, 닿은 건 넘어진 스노우맨 머리였다. 온몸에 소름이 돋았다. 포근하던 느낌 따위는 사라진 지 오래였다.

엉덩이를 뒤로 밀며 어떻게든 빠져나와 도망가고 싶었지만, 스노우맨 머리에 다리가 깔려 있었다. 탄력 좋은 탄소 섬유 덕분인지 두꺼운 아크릴천 덕분인지 아프지 않았다. 대신 무거워 빠져나올 수가 없었다.

"스노우맨! 제발 정신 차려!"

대답하는 듯한 소리가 들렸지만, 스피커 쪽이 바닥을 향해 있어 웅얼거리는 것처럼 들렸다.

"나야, 나. 지민이라고!"

하지만 스노우맨은 멈추지 않았고 나의 다리, 배, 가슴 위로 몸을 움직이고 있었다.

거의 얼굴만 남고 몸 전체가 깔렸다. 아무리 폭신한 스노우맨이라도 거대한 몸이 올라타니 숨이 막혔다. 정신이 나갈 것 같아 내가 사랑하는 이름을 불렀다.

"엄마, 아빠, 포리야!"

그때였다.

현관문이 부서지는 소리가 들렸고, 어지러운 말소리가 들렸다.

"지민아! 괜찮아?"

스노우맨에게 깔려 어두웠던 눈앞이 환해졌다.

쏟아지는 형광등 빛 사이로 엄마 얼굴이 보였다.

"으앙! 엄마, 스노우맨이 나와 포리를…"

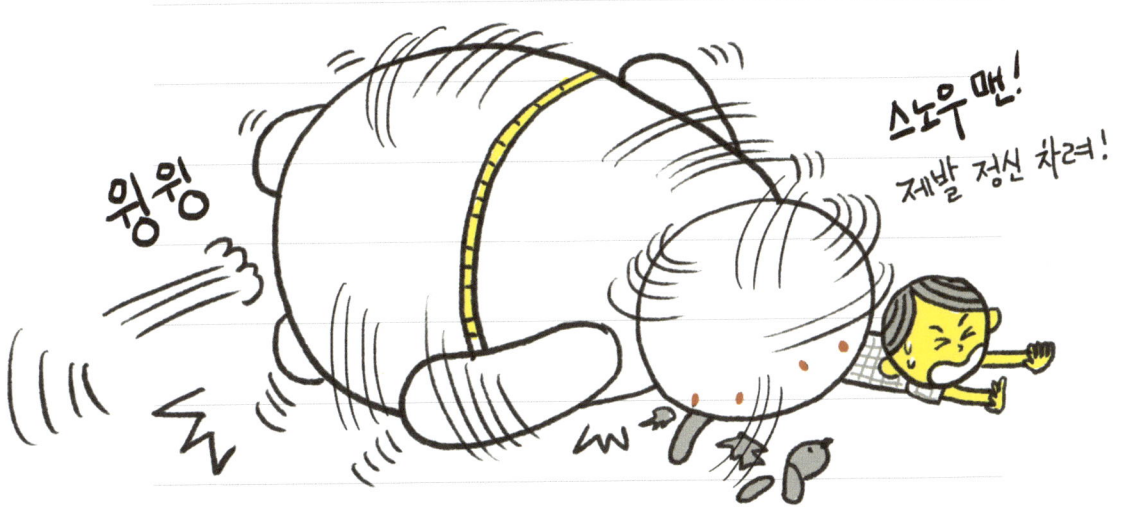

나는 엄마 품에서 한참을 울었다.

"응. 그래, 그래. 엄마가 다 봤어."

"으앙! 어떻게 봐요!"

"포리 눈으로 다 보고 있었어. 그래서 경찰도 나도 이렇게 달려왔잖아."

"…"

울면서도 잠시 이해가 가지 않았다. 포리 눈으로 나를 지켜보고 있었다니.

동생 같은 반려 로봇이라더니, 감시 로봇이었나?

나는 눈물을 닦았다.

"네가 스노우맨 머리를 내리칠 때 업데이트 버튼이 눌려서 시험이 덜 끝난 버전으로 업데이트가 되었고, 그게 오류를 일으켰나 봐. 많이 놀랐지?"

정말 엄마는 다 알고 있었다.

"엄마, 그러니까 포리가 내 동생이 아니라고…"

"엄마가 포리의 기억 그대로 똑같이 다시 만들어 줄게. 그건 걱정하지 마."

말하고 싶었던 건 그게 아닌데, 엄마가 내 머리를 꼭 안아 버려 아무 말도 할 수가 없었다. 하지만, 엄마 냄새를 맡으니 잠이 쏟아졌다.

'근데 엄마, 나의 모든 것을 다 지켜보고 전달하는 로봇은 더 이상 친구가 아닌…'

하지만 더 묻지 못했다. 너무나 피곤했다. 지금도 그렇고.

일단은 자야겠다. 자고 일어나 부모님과 다시 이야기를 해 봐야겠다.

스마트 홈 생태계로 지구가 하나가 된다고?

　미래의 전자 제품은 현재의 기술에 에너지 효율까지 고려하며 발전을 거듭할 것 같아요.

　우선 지금보다 사물 인터넷 기술과 인공지능 기술이 더욱 통합되고 발전할 거예요. 사용자의 습관과 환경에 따라 좀 더 정확하게 자동으로 작동하여 더 편안하고 편리한 생활이 될 거예요.

　개인 맞춤 전자 제품을 만들 수 있어서 더 섬세해질 수도 있어요.

　3D 프린팅 기술의 발전으로 자신의 필요에 맞는 기능을 넣고 뺄 수 있음은 물론, 제품의 디자인까지 직접 정한 후 직접 출력하면 되거든요.

　개인 맞춤 전자 제품을 만들 수 있는 환경이 되면, 전자 제품은 스마트 홈 생태계와 완벽하게 연결될 거예요.

　완벽해진 스마트 홈 생태계는 더 큰 생활 생태계와 통합되어 집이나 도시, 국가를 연결할 수도 있어요. 인터넷의 발전과 서류의 디지털화로 집에서 정부 기관 서류를 열람하거나 출력할 수 있게 된 것처럼 좀 더 다양한 접근이 이루어질 것 같아요.

　미래에는 환경친화적인 에너지가 중요하니, 거대한 시스템 생태계를 통해 더욱 효율적인 에너지 및 자원 관리도 가능하지 않을까요? 실시간으로 지구 반대편에 남는 태양 에너지를 건네주고, 재활용이 가능한 친환경 소재나 바이오 소재로 만든 에너지를 나누며 더욱 효율적인 에너지 자원 관리가 가능해질 거예요.

또한, 나노 기술의 발전으로 전자 제품은 더 작고 가벼워질 거예요. 들고 다니기는 더 편해졌고, 성능은 몇 배나 더 좋아질 걸요. 이미 스마트폰으로 여러 전자 제품을 한 번에 담아 들고 다니면 얼마나 편리한지를 경험해 봤기에, 더 작고 가볍게 그러나 더 편리하게 사용하는 방법은 꾸준히 연구될 것 같아요.

예를 들어 기존 컴퓨터보다 1억 배나 빠른 양자 컴퓨터가 소형화되어 개인이 갖게 된다면 정말 놀랄 만한 세상이 올지도 몰라요. 스마트폰이 지금의 우리를 바꾼 것처럼요.

물론, 그때는 가상 현실(VR) 및 증강 현실(AR) 기능이 현실을 능가할 만큼 발전하여 직접 만나지 않고도 서로의 기술을 공유할 것 같습니다.

인터넷 망만 있으면 가능해!

놀랄 만한 속도로 발전된 각각의 과학 기술은 하나의 제품에 담기며 폭발적인 효과를 일으키고 있어요.

예를 들어 한 대의 기계에 음악을 들을 수 있는 음악 재생기와 높은 화질을 담아내는 카메라, 단어의 뜻을 찾을 수 있는 전자사전, 그리고 다양한 정보를 검색할 수 있는 인터넷 포털 사이트의 기능까지 넣어서 가지고 다녀요.

맞아요. 우리가 매일 쓰는 스마트폰입니다. 20년 전엔 상상도 못한 제품이

지요.

지금도 그런 놀라운 제품들이 쏟아지고 있어요. 사물 인터넷(IoT)에 인공지능 즉, AI 기술까지 탑재한 전자 제품이 나오고 있거든요.

유통 기한과 신선도를 고려해 만들 수 있는 요리법을 표시해 주는 스마트 냉장고, 비가 오거나 미세먼지가 많은 날 등 날씨에 따라 세탁·건조 스타일을 추천하는 세탁 건조기, 따로 켜지 않아도 미세먼지가 발생하면 스스로 작동하는 공기 청정기도 있습니다. 더러운 곳과 더럽지 않은 곳을 구별하고 정해진 곳만 청소하는 로봇 청소기도 출시되었는데, 여기엔 스마트 홈 카메라를 설치하기도 했어요.

스마트 홈 카메라는 기존 CCTV와 달리 실시간으로 영상은 물론 목소리까지 촬영하고 소통할 수 있는 제품인데, 로봇 청소기와 결합하니 자유롭게 집 안 구석구석 찍을 수 있게 되었어요. 집에 아기가 있거나 반려견이 있는 가정에서 유용하게 쓰이고 있답니다.

이 모든 스마트 전자 제품은 정해진 명령을 이행할 수 있고, 간단한 질문에는 대답할 수 있는 기능이 탑재되어 있어요. 인터넷 망만 연결되어 있다면 말이죠.

개인 정보 보호를 꼭 확인해야 돼!

많은 전자 제품 중 인공지능과 결합한 스마트 홈은 사용자의 생활 양식을 수집하고 분석하여 개인의 특성에 맞는 맞춤 서비스를 제공하고 있어요. 가전 제품뿐만 아니라 난방, 조명 등 일상에 필요한 많은 것을 자동화하여 편리함을 제공해 주고 있답니다.

하지만 다 좋은 건 아니에요.

스마트 홈 시스템은 인터넷에 연결되어 있어서 해킹당할 수 있어요. 해커들이 공격해서 우리 집 시스템을 마음대로 통제하게 된다면 위험한 일이 생길 거예요. 또한 보호를 위해 촬영한 홈 카메라의 영상이나 나의 유형 분석을 위해 수집된 음성 이미지 등 기타 개인 정보가 외부에 유출되어 범죄에 쓰일 가능성도 있어요.

게다가 인공지능과 결합된 시스템은 스스로 판단하고 결정을 내릴 수 있어 오류라도 일으킨다면 주인이 통제할 수 없는 상태에 놓여 집 안에 있는 사람이 위험해질 수도 있답니다. 이야기 속 지민처럼요.

편리한 인공지능 시스템에 익숙해져서 너무 의존하게 된다면 스스로 해결하는 능력과 의지 모두 떨어지게 돼요. 갑자기 인터넷이 안 된다거나 시스템이 오류나 고장을 일으킨다면 많은 어려움을 겪게 될 거예요. 새로운 상황에 대한 대처 능력과 적응력을 키우지 않는다면 사람이 만든 기술에 사람이 갇히는 일이 벌어질지도 몰라요. 조금만 관심을 기울이면 이런 위험성을 최소화할 수 있어요.

우선 해킹을 방지하기 위해서 시스템 보안 체계를 늘 업데이트 해야 해요. 사용자 개인 정보 수집은 늘 최소한으로 안전하게 저장하고, 민감한 정보를 공유하지 않는 등 정보 안전을 습관화해야 합니다. 정확한 사용 방법을 꼭 학습한 뒤 사용하는 것도 중요해요.

고도로 발전된 전자 제품은 안전한 기술을 통해 더 편리하게 발전하여 미래에는 더욱 중요한 역할을 할 거예요. 그러니 발전과 함께 윤리, 보안 및 규제 등의 문제도 고려해야 합니다.

보호받을 권리와 감시당하지 않을 권리

이제부터 여러분은 지민이에요.

스노우맨이 일으킨 오류는 바로잡았지만, 아직은 무서워서 나보다 덩치가 큰 로봇은 집에 두지 않기로 했어요. 엄마는 그런 내 의견을 받아 주셨지만, 포리는 다시 구입하자고 하셨어요. 백업해 둔 메모리로 예전의 기억과 모습 그대로 다시 만들 수 있대요. 그런데 마음에 걸리는 일이 하나 있어요.

포리의 눈으로 엄마가 나를 실시간 보고 있었다는 것을 알게 되니 기분이 좋진 않아요. 하지만 그 기능만 제외할 순 없대요.

감시당하는 것 같으니, 포리를 포기할까요? 아니면 위험한 일이 생길지도 모르니 보호도 받고 포리와의 추억도 되살릴 겸 다시 받을까요?

여러분이라면 어떻게 하겠어요?

작가의 말

여러분이 매일 들고 다니는 스마트폰은 누군가의 꿈이었어요. 종이로 된 지도를 들고 다니지 않아도 길을 찾을 수 있고, 집에 가서 컴퓨터를 켜지 않아도 궁금한 것이 생기면 바로 찾아볼 수 있는 휴대용 컴퓨터가 있었으면 좋겠다란 꿈을 과학 기술이 이뤄 주었죠.

더 멀리 가 볼까요?

몇백 년 전쯤엔 하늘을 날고 싶다는 꿈을 꾼 사람들도 있었어요. 허무맹랑하다고 야단도 맞은 꿈이었겠지만, 잊히지 않던 그 꿈은 백여 년 전에 라이트 형제에 의해 이루어졌고, 지금은 개인 비행기뿐만 아니라 무인 비행기, 드론까지 만들어졌어요.

과학 기술은 더 빠른 속도로 꿈을 이뤄 내고 있어요.
이 세상에 존재하는 좋은 것들은 모두 꿈에서 시작했대요.
그러니 우리 부지런히 더 크고 행복한 꿈을 꿔 봅시다.
이 책이 여러분이 꾸는 꿈에 작은 마중물이 되길 바랍니다.
그게 제 꿈이에요!
꼭 이뤄 주세요.

또다시 꿈을 꾸는 김영주 드림.